EMPOWERMENT AND INTEGRATION

增能与融入

上海市社区矫正与安置帮教社会工作案例精选

李　峰　郑　波　主　编
戴　洁　王玮玮　副主编

北京大学出版社
PEKING UNIVERSITY PRESS

图书在版编目(CIP)数据

增能与融入：上海市社区矫正与安置帮教社会工作案例精选/李峰，郑波主编.--北京：北京大学出版社，2024.10.--ISBN 978-7-301-35349-3

I．D927.510.675

中国国家版本馆 CIP 数据核字第 2024JM0587 号

书　　　名	增能与融入：上海市社区矫正与安置帮教社会工作案例精选
	ZENGNENG YU RONGRU: SHANGHAISHI SHEQU JIAOZHENG YU ANZHI BANGJIAO SHEHUI GONGZUO ANLI JINGXUAN
著作责任者	李　峰　郑　波　主编
责 任 编 辑	姚沁钰
标 准 书 号	ISBN 978-7-301-35349-3
出 版 发 行	北京大学出版社
地　　　址	北京市海淀区成府路 205 号　100871
网　　　址	http://www.pup.cn　新浪微博：@北京大学出版社
电 子 邮 箱	zpup@pup.cn
电　　　话	邮购部 010-62752015　发行部 010-62750672　编辑部 021-62071998
印 刷 者	北京圣夫亚美印刷有限公司
经 销 者	新华书店
	730 毫米×980 毫米　16 开本　16.5 印张　237 千字
	2024 年 10 月第 1 版　2024 年 10 月第 1 次印刷
定　　　价	68.00 元

未经许可，不得以任何方式复制或抄袭本书之部分或全部内容。
版权所有，侵权必究
举报电话：010-62752024　电子邮箱：fd@pup.cn
图书如有印装质量问题，请与出版部联系，电话：010-62756370

序(一)

随着中国式现代化和法治中国建设的推进,经过前期的积累,我国的社区矫正与安置帮教工作渐入高质量发展阶段,各地正依法开展多样的实践。自2003年以来,上海坚持"政府主导推动,社团自主运作,社会多方参与"的总体思路,运用社会工作理念,采用政府购买服务的模式,依托职业化和专业化的社会组织和社会工作者,在全市推进预防和减少犯罪工作体系建设。其中,于2004年成立的上海市新航社区服务总站(以下简称"新航总站")就承担着为社区矫正对象和刑释解矫人员提供帮教服务的工作。

新航总站及一线社会工作者在不断探索和实践中发展出一些行之有效的工作方法。2024年正值新航总站成立20周年,总站与华东政法大学社会发展学院共同选择了一批具有代表性和典型性的案例予以出版。正如本书主书名所示,我们不仅希望通过提供专业化的社会工作服务给帮教对象增能,帮助他们更好地融入社会,也期望能为司法社会工作专业领域和社会工作者增能,加快中国司法社会工作自主知识体系建设。

基于上述定位,方法的通适性与本土化的交融成为我们选择案例的核心原则。我国的社会工作是改革开放后逐渐发展起来的一个专业,相关知识和模式基本都基于西方国家的经验。西方的社会工作扎根于其社会结构、主流价值观和历史传统之中,自由主义隐喻和个体主义假设自然就成为理论的基础。"人在情境中"是社会工作的核心理念,也是最具通适性的理论立场。不过,此情境不能仅被理解为服务对象所处的微观情境,也应当包括他所在的社会和文化等宏观结构性情境。因此,社会工作的一些理论必然需要本土化,实务操作需要在地化。在新航总站及其一线社会工作者的实践中,我们看到了一些本土化和在地化的尝试性实践,如在帮教工作中发挥中国传统文化、上海区域文化的濡化作用;将中国式的情和理糅合进社会工作的三大方法;等等。

为更好地呈现这些案例并体现其特色,在新航总站、华东政法大学社会发展学院以及其他高校专家的指导下,我们组建起高校教师和当事社会工作者一对一合作的团队,对案例进行编辑和写作。为较为客观地呈现上海模式中帮教服务社会工作开展的实务探索,编者们达成了尽量保持一线社会工作者原始记录之共识,这就难免使得案例的有些地方看上去"专业化"程度不高;同时,囿于客观上时间和能力所限,案例展现往往侧重过程,这也使得有些地方看上去"理论化"程度不高。但正如前文所言,任何"化"的背后都涉及标准的选择。党的二十大报告提出,要继续完善社会治理体系,提升社会治理效能。在社区矫正与安置帮教专业服务工作中,对于被实践证实有效,且合规合法、合情合理的理念和方法,我们应该先及时整理,此后才能进行深度的理论分析。

要言之,本书既是新航总站实践上海模式二十周年的阶段性成果呈现,也是我国司法社会工作本土化理论提炼和研究的开放性素材。作为编写者,我们更希望这些案例能抛砖引玉,推动我国帮教服务工作,乃至司法社会工作的高质量发展。

在本书的编写过程中,负责相应案例的社会工作者付出了极大的努力。本书在编写过程中也得到了华东政法大学社会工作系戴洁、张坤、张粉霞和杨雪晶等教师,以及河南财经政法大学社会学院王莹教授、上海开放大学民生学院任文启教授和上海师范大学社会学系杨彩云副教授等的悉心指导。案例汇编完成后,我们还邀请复旦大学顾东辉教授、华东理工大学张昱教授和华东师范大学黄晨熹教授给相关单元进行了精辟的点评。同时,北京大学出版社的姚沁钰编辑恰好也是社会工作专业硕士,她不仅在文字表达和案例结构等方面提出了一些建议,还在内容上贡献了许多具有专业性的真知灼见。在此一并表示感谢。

李 峰

2024 年 6 月 18 日

序(二)

2003年,上海开始构建预防和减少犯罪工作体系,坚持"政府主导推动,社团自主运作,社会多方参与"的总体思路,创新社会管理,依托专业社会组织和社会工作者为特殊群体提供帮教服务,发挥社会组织和社会力量在预防犯罪中的独特优势。2004年2月,上海市新航社区服务总站应运而生。

二十年来,上海市新航社区服务总站和全市八百余名社会工作者始终以预防和减少犯罪为己任,扎根社区,为社区矫正对象和刑释解矫人员提供专业化帮教服务,帮助他们顺利回归社会。在《社区矫正法》和《上海市安置帮教工作规定》等一系列法律法规和制度的保障下,上海市新航社区服务总站率先在全国范围内建立起社区矫正社会工作地方标准——《社区矫正社会工作服务规范》,并建立了一套适应本土化发展的社区矫正与安置帮教社会工作服务模式,创立了多个具有全国影响力的项目品牌,打造了一支政治觉悟高、专业能力强、服务水平高的社会工作者队伍,为上海的预防和减少犯罪工作作出了积极贡献。

本书的出版,不仅是上海市新航社区服务总站二十年来实务经验和成果的总结、提炼与展示,更是上海市实施科学矫正和精准帮扶的成效展现。本书突出问题导向和方法运用,所选取的案例聚焦于社区矫正对象和刑释解矫人员个人成长、家庭关系和社会适应等单项或多项问题与需求,在精准运用社会工作三大基本方法的基础上,有效融合了中国优秀传统文化的理念、元素和内容,充分展现出对社区矫正与安置帮教社会工作本土化的实践与探索,力求为各地社区矫正与安置帮教社会工作实务、高校教学研究提供更具本土化特点、更有实操性的借鉴案例。

  本书的顺利出版得到了华东政法大学的大力支持,社会发展学院组建了一支由专家和老师组成的优秀编辑团队,对每一篇案例精雕细琢,注入专业知识并提供精准的技术支持。值得一提的是,编辑团队还邀请本市深耕于社区矫正与安置帮教社会工作领域研究且在全国具有一定影响力的专家,对案例给予了专业点评,大大提升了本书的专业性、可读性和权威性。

  党的二十大报告提出了"中国式现代化"的宏伟目标和具体任务,社会工作者作为党和政府联系群众的桥梁纽带,是践行以人民为中心的发展理念的重要力量。我们要更加积极地加强自身能力建设,以高质量的服务提供展现专业优势。期待上海市新航社区服务总站和全体社区矫正、安置帮教社会工作者在中国式现代化发展的道路上谱写新的篇章。

郑　波
2024 年 6 月 21 日

目 录

个 案 篇

理性情绪治疗模式在社区矫正对象认知改变中的运用   003

人本主义治疗模式在社区矫正个案工作中的运用
    ——管制人员 L 的个案介入与分析   013

**任务中心模式下犯罪老年人的认知偏差矫正与家庭
    回归**   025

社区矫正老人的危机干预   036

唤回迷失心灵　重塑美好人生
    ——社区矫正对象 L 的个案分析   046

一位高校教授的惨痛教训
    ——心理社会治疗理论的运用   059

改变认知化解不良情绪和心理
——认知行为治疗理论的运用　　　　　　　079

漫漫回家路　浓浓帮教情　　　　　　　　　098

小组与项目篇

信念合一　国韵新行
——上海市 H 区社区矫正对象认知行为矫正小组
工作探索　　　　　　　　　　　　　　　111

浸润传统文化　滋养心灵之花
——儒家思想在社区矫正中的应用　　　　125

《论语》的教诲　文以化之
——社区矫正白领群体的社会工作服务　　136

艺成长
——徐汇区社区矫正对象教育成长项目　　152

专注女性社区矫正对象的社会工作服务
——"绽美"女性工作室介绍　　　　　　　170

提升非沪籍社区矫正对象归属感的矫正社会工作探索
——"精彩北站"项目介绍　　　　　　　　185

传承文化　剪出精彩
——剪纸艺术在社区矫正日常教育中的应用　197

风信子的欢语
　　——赋能社区矫正女性群体的社会工作服务　　209

画出自我　陶冶你我
　　——农民画艺术在社区矫正中的应用　　223

专　家　点　评

工作案例是个案社会工作实务的重要载体　　243

在永恒的问题中寻求社区矫正社会工作的发展　　245

**立足本土文化,发挥专业优势,推动社区矫正和
　　安置帮教**　　249

个案篇

理性情绪治疗模式在社区矫正对象认知改变中的运用

一、案例背景

(一) 个人基本情况

Y,女,47岁,汉族,大专文化,已婚,家住上海市某区。Y通过朋友介绍认识了丈夫Z,二人在婚后育有一子,儿子正在读初三,丈夫就职于一家规模较大的单位。Y从小性格外向,为人活泼开朗,并且重义气,所以朋友非常多,社会关系也相对复杂,她本人也容易受到外界的诱惑。Y从小跟随外婆生活,父母一直忙于各自的事业。到了上学的年纪,她才被父母接回身边抚养,又因父母工作的原因经常转学,这让她养成了独立自主的性格,凡事喜欢依靠自己。大专毕业后,Y向父母借了一笔钱就开始自己创业。她沟通能力强,思维活跃,生意做得比较好,经济也非常宽裕。为了更好地照顾家庭,她将生意转给了自己的朋友,如今照顾丈夫和儿子是她主要的生活内容。

(二) 犯罪相关情况

Y曾将一笔数额较大的款项借给朋友做生意,结果朋友投资失败,无法归还欠款,还同时欠了其他好几笔外债。于是,Y的朋友决定利用假合同骗取他人钱款。Y知晓此事但并未告发,而且协助进行诈骗,得手后从中取回了自己的本金和利息。最终,Y因合同诈骗罪被法院判刑。

二、问题与需求分析

(一) 犯罪认知存在偏差,无法接纳已犯罪的事实

判刑后的 Y 一直不认同法院的判决,多次表示自己很"冤枉",且反复强调自己是受到朋友的牵连,是受害者。同时,Y 认为判刑是一件很丢脸的事情,如非必要,她几乎整日"窝"在家中,不是睡觉就是发呆,不肯外出。在个案访谈中,Y 一直向社会工作者表示活着太累,常常一个人偷偷哭泣,晚上失眠严重,无法安心照顾孩子,已严重影响日常生活。

(二) 犯罪后心理负担重,影响家庭关系

Y 在被判刑后一直觉得对不起家人。Y 的婆婆知道儿媳犯罪的事情后,不仅担心儿媳,还要照顾孙子,最终病倒,这加重了 Y 的愧疚感。判刑后的 Y 整日愁眉不展,脾气也越发暴躁,常与丈夫发生口角,夫妻二人的关系也渐渐变得紧张。

(三) 判决退赔赃款与缴纳罚金后,家庭经济压力凸显

Y 结婚后在家照顾孩子,没有外出工作,自己缴纳养老保险和医疗保险等。Y 虽曾自主创业,社会交往能力强,但由于缺少一定的技能,寻找一份薪资较高的工作存在一定的难度。法院判决退赔所有赃款并处罚金后,家庭的经济压力骤增。目前,Y 家庭的主要收入来源是丈夫的工资。

三、理论基础

理性情绪治疗模式是社会工作常用的治疗模式,是认知行为治疗模式的一种,它以美国临床心理学家艾利斯于 1955 年创立的"ABC 理论"为基础。其中,"A"代表 activating event(行为事件),"B"代表 belief system(信

念系统),"C"代表 emotional consequence(情绪结果)。"ABC 理论"主张:人的行为事件、信念系统及情绪结果三者之间存在内在关联。我们常常认为,人的情绪结果主要由行为事件引发,但艾利斯不同意此观点。在他看来,当行为事件发生后,真正影响情绪的是人对事件所持有的信念,即情绪结果是由信念系统引发的。

因此,要改变情绪结果,不是单纯地去改变刺激事件,而是要干预人们对刺激事件的信念和认知,即改变非理性信念就能产生积极的情绪反应。认知、情绪和行为三者紧密关联,情绪发挥着"润滑剂"的作用,正向情绪能产生积极的思考方式和行为,负向情绪则会造成消极的思想和行为。[①]

本案例除使用理性情绪治疗模式外,还同时使用家庭治疗、优势视角等理论作为辅助,协助服务对象尽早恢复各项功能,回归社会。

四、介入目标与计划

(一) 介入目标

矫正服务对象对犯罪事实及家庭生活的非理性信念,帮助她重新树立积极的人生态度,建立信心,最终实现再社会化。

(二) 具体计划

第一,运用理性情绪治疗模式,采用苏格拉底式提问、家庭作业等技术,帮助服务对象矫正"我只是拿回自己的钱""自己很'冤枉'(是受害者)""判刑意味着我是一个一无是处的坏人"等认知偏差。

第二,采用"联合家庭"治疗方法,缓解服务对象夫妻之间的紧张关系,增强其家庭支持系统,用融洽的家庭氛围温暖服务对象,减少服务对象的孤独感与失落感。

---

① 朱眉华、文军主编:《社会工作实务手册》,社会科学文献出版社 2006 年版,第 159—161 页。

第三，协助服务对象进一步挖掘其优势和特长，寻找合适的就业机会，在缓解家庭经济压力的同时也帮助服务对象重新融入社会。

五、介入过程

（一）宣告会后多次进行家庭探访，建立起良好的专业关系

在入矫宣告会结束后，社会工作者询问服务对象 Y 对此次犯罪判刑的看法，但在丈夫陪同下的 Y 却一直回避问题，用沉默回应，头一直低垂着，偶尔用手抹一下眼角。社会工作者从 Y 的神情和动作中可以看出她非常紧张和焦虑，面对此情况，秉持着尊重和接纳的态度，社会工作者并没有过多地追问，只是向她说明了服务工作中会遵循保密原则，并向她强调社会工作者的职责，希望她不要有顾虑，也不要排斥社会工作者提供的帮助。最后，社会工作者告诉 Y 若有想要诉说或是想要解决的问题，可以寻求帮助，自己愿意协助她探讨解决的方法。

在社会工作者多次上门访谈之后，Y 逐渐开始信任社会工作者，并且愿意吐露心声。但在沟通中，Y 经常一边哭诉一边抱怨，表示自己不走运，被自己的朋友所害。看到 Y 情绪激动，社会工作者表示希望她能冷静下来，并针对此问题展开探讨。

（二）运用"ABC 理论"，矫正多种非理性信念

1. 矫正"我很冤枉，我也是受害者"的非理性信念

Y 一直认为自己很"冤枉"，是受害者，自己的目的只是为了拿回属于自己的借款，主观上并没有欺骗他人的故意，因此在一定程度上她认为法院判得很重。

社会工作者运用面质的技巧直接指出这是 Y 缺少法律知识的表现。第一，Y 在知晓朋友的违法犯罪行为后并没有阻止；第二，虽然 Y 并未参与诈骗事件的策划，但她确实为了"一己之私"完成了朋友指派的任务，即

便相对主犯而言所起作用较小,但仍造成了被害人的损失,这是事实。

原本还想争辩的 Y,最终叹了口气。她表示,自己本来在一定程度上也是受害者,曾经真的只是想要拿回属于自己的钱款,但见到朋友给自己的"利息"就心动了,觉得自己只是跑跑腿而已,应该责任不大,正是一念之差造成了"万劫不复"的后果。见到 Y 思想发生"松动",社会工作者当即表示做错事情就需要承担责任,以前的行为是错误的,就应当为错误承担后果,但只要吸取教训,不再"因小失大",也是获得了一种成长。

2. 矫正"判刑意味着我是一个一无是处的坏人"等泛化和绝对化的错误认知

社会工作者对"判刑意味着我是一个一无是处的坏人"等泛化和绝对化的错误认知进行了矫正,以下是部分访谈内容:

Y:我每天晚上都睡不着,现在浑浑噩噩的,心里感到很压抑,情绪很低落,总觉得对不起家人。

社会工作者:是从什么时候开始的?

Y:判刑之后一直存在,最近越来越厉害了。

社会工作者:你觉得判刑让你很压抑?很难受?

Y:是的。有时候感觉压得我喘不上气,我时常趁家人不在偷偷哭。

社会工作者:这样看来,其实判刑对你的影响非常大,对吗?

Y:是呀,我从没想过会犯法,没想到 40 多岁进了法院,真是"晚节不保"。后悔也没用了,自己也知道是不懂法的结果,怨不得别人。反正就是"坏人"了,以后也是没用的人了。

社会工作者:没用的人?

Y:对的。

社会工作者:可以具体说一下吗?

Y:一把年纪还吃个官司;害得家里人退赔了一大笔钱,经济条件也不如从前;婆婆因为担心还病倒过;现在很担心孩子长大之后知道我是个罪犯,觉得丢人……

社会工作者:这么听起来,判刑确实带来了很多的变化。那么判刑前是怎样的状况呢?

Y:没出事情前,日子过得不错。为了更好地照顾家人,我把生意转给朋友了,平常有时间就在家炒股票,偶尔和朋友一起做个小投资,总归会赚一些的。我们和婆婆住在同一个小区,有事情就相互照顾一下。儿子也教育得很好,成绩名列前茅。老公和我的关系也非常好,家庭和睦。朋友们都很羡慕我。

社会工作者:听你这么说,确实生活还是很不错的。

Y:是呀。

社会工作者:而且听起来,你不仅把家庭照顾得井井有条,在投资方面的眼光也很准,对孩子的教育也很成功。

Y:还不错啦。(此时 Y 的情绪明显好转)

社会工作者:那你的投资能力、照顾家人的方式以及教育孩子的方法会因为判刑而改变吗?

Y:(愣了一会)这个……不会。

社会工作者:既然方法还是相同的,唯一的区别就是被判刑这件事,那你是否想过这样一个问题,你不是真的没有用或是将来孩子会认为你是一个罪犯,而是你自己给自己贴了这样一个"标签",从而钻了"牛角尖"呢?

Y:(思考了一会)似乎是的,好像之前的想法有些偏激了,但就是会控制不住地想。

社会工作者:当然,面对判刑这件事情,每个人可能都会产生消极的情绪,这很正常,关键在于如何看待它。古人云:"塞翁失马,焉知非福。"其实任何事情的发生都有其两面性,这取决于一个人的认知。事情发生后,我们无力改变什么,但是我们可以决定自己对待这件事情的态度。如果一直往坏处想,也许就是一个恶性循环,但是其实并没有到达你所认为的那种绝境。所以影响我们情绪的不是事情本身,而是我们对于事情的看法。

Y：（不时点头）我确实杞人忧天了，（放松地叹了一口气）为了家人和自己，一定要尽快走出来。

社会工作者：可以采用"厌恶疗法"，就是在手腕上绑一根皮筋，可以粗一些，每次一有这种不良认知就迅速弹一下手腕，弹的力度稍大些，通过疼痛暂时中断负面认知。此外，还可以把每天开心或者不开心的事情、想法写在本子上，每周回顾影响自己积极情绪的事情有哪些。

Y：我回家后会做的。

（三）采用"联合家庭"治疗方法，缓解夫妻之间的紧张关系

Y退赔赃款与缴纳罚金后，家庭经济压力骤增，全家的经济负担都落在了Y丈夫的身上；而且判刑之后，夫妻二人沟通减少，经常因为家庭琐事发生争执。

社会工作者前往Y家中与Y及其丈夫进行沟通，并就二人之间的矛盾，运用家庭治疗方法中的"重演"技巧，重新演绎互动和交往过程中的冲突，呈现其家庭的基本结构及交往方式，让二人直观地看到彼此存在的问题。随后，社会工作者运用"强调优点"的方法，引导Y夫妇关注整个家庭以及彼此的优点，避免过分关注对方的不足。

其实判刑之后Y一直处于精神紧绷的状态，希望得到丈夫的关心，而丈夫因面临经济压力，每天忙于工作，没有感受到Y的焦虑。丈夫表示自己努力赚钱就是希望妻子没有经济上的压力，一家人能早些恢复到以前的生活状态，但是没想到忽略了妻子的感受。

（四）多方链接就业资源，帮助实现就业

在纠正了Y的认知偏差并解决其家庭关系问题后，社会工作者开始着手帮助她解决就业问题。Y希望找到一份稳定的工作，在缓解缴纳社

保险金压力的同时补贴家用。了解需求后,社会工作者陪同Y一起到居委会将情况告知就业援助员,并询问是否有适合的工作。就业援助员告知,Y家附近的酒店有一个空缺的前台职位。知晓工作内容后,Y立刻表示自己愿意从事这份工作。拿到招聘材料后,社会工作者及时告知了Y需要注意的事项,Y显得很激动,也很感谢社会工作者的帮助。

之后,Y顺利入职,但没想到在工作一段时间后,她突然辞职了。通过面谈和沟通,社会工作者了解到,由于酒店前台工作时间具有特殊性,实行"三班倒"的轮班制,不利于她照顾家庭和孩子,因此综合考虑后选择了离职。面对这样的情况,社会工作者表示理解,并再次与Y协商寻找工作的问题。Y表示,只要可以照顾好孩子和家庭,路程远一点、工作稍累一点也没关系。

之后的几天,社会工作者到街道的社区服务中心询问最新的就业信息,并及时将信息提供给Y。Y看中了一份文员的工作,虽然路途较远但是双休日可以陪孩子。最终,Y顺利通过面试成为一名文员,平日工作的内容是整理公司内部资料。但没想到一月未到,公司换了一名老板,全公司职员不仅需要内部调整还需要进行审核。结果Y不仅失去了工作也失去了信心,认为这个社会还是排斥自己这类人的,自己也没任何优点。面对此情况,社会工作者运用"优势视角"使她看到自身存在的优点,如社会适应能力较强、有上进心和事业心等,再加上家人的关心和鼓励,Y不再自怨自艾,逐渐找回信心与勇气。

之后,社会工作者再次协助Y寻找合适的工作机会。当社会工作者与她商议时,她表示自己曾做过生意,在销售方面是有经验的,更愿意从事销售方面的工作。于是,社会工作者向她推荐了一份在美容公司进行行政外联工作的岗位。但是此时的Y有些犹豫,害怕再次面对失败。但当社会工作者将相关信息和求职表拿到Y家时,她显得很激动,并表示自己愿意再一次尝试。此后,社会工作者与Y一起制作简历并填写求职表,还在面试前进行了现场演练。由于准备充分且有公司所需要的经验和技能,Y最终被录用,她十分兴奋,并感激社会工作者所做的工作。

六、成效与反思

(一) 服务成效

在矫正期限内,经由社会工作者的介入,Y顺利度过了矫正期。在社会工作者的协助下,Y的错误认知得到修正,行为方式恢复常态。通过访谈,社会工作者让Y知晓了人的行为和情绪反应皆受到认知因素的影响,这些认知因素也决定着人对事物的看法,即人之所以会焦虑、愤怒、悲伤,是因为人相信自己有焦虑、愤怒和悲伤的理由。因此,不是事件本身,而是人对客观事件的认知、预期和理解,才是情绪的源头。不久之后,社会工作者发现Y的情绪有明显转变,人变得积极开朗起来。在后面的跟进服务中,服务对象在工作和生活中遇到不顺心的事时,也会运用理性情绪疗法进行自我解压。服务对象的整体情况良好。

通过家庭辅导,Y夫妇沟通了彼此的想法,确认了相互之间的情感,矛盾和冲突亦趋于缓和。社会工作者表示,人面对很多事情都会产生焦虑感和危机感,但其实所有的危机都有转圜的机会,采用有效的沟通方式能够产生良性循环。之后的一段时间内,Y同丈夫的冲突逐渐减少,整个家庭氛围愈加和睦。当Y出现负面情绪时,由于丈夫能够明白她的情绪,所以可以给予更多的情感支持。矫正期结束后,Y的家庭关系也恢复正常,未再发生激烈的家庭矛盾。在工作方面,由于服务对象表现出色,本案例撰写时她已经成为店长。

(二) 介入反思

1. 性别视角应在矫正工作中得到关注与运用

女性情感相对男性而言往往更加细腻,很多女性犯罪者在被判刑后,为了减轻家人的担心,总是隐藏自己的情绪,但这会让自己变得更加压抑与痛苦。因此在面对女性矫正对象时,社会工作者要敏感地关注其情绪的变化，除了运用尊重、接纳、平等交流等策略外，还要给予女性情感支持，不能一味强调积极调整心态。

2. 矫正对象普遍存在认知偏差，社会工作者需要深入学习与运用认知行为治疗模式

社会工作者发现，由于很多社区矫正对象都存在认知上的偏差，因此在服务模式的选择上往往会更适合认知行为治疗模式，所以社会工作者需要深入学习认知行为治疗模式，熟练地将理论与实践相结合。认知行为治疗模式在社区矫正中的实践，近年来颇受关注，其重点在于将西方的理论与中国的实际情况相结合，因为只有符合本土情形的技术和方法才能更好地帮助服务对象走出认知误区、改变不良情绪并顺利完成矫正，回归社会。

3. 强调开展工作的"系统化"，注重过程中的资源整合与链接

社会工作者在开展服务的过程中不仅要针对服务对象本人，还需要对其所在的环境系统进行干预，以强化服务效果。社会工作者要走进服务对象的家庭和社区，主动与他们沟通，用坦诚耐心的态度换取家庭核心成员的信任，及时了解服务对象存在的问题，提供适合的帮助。此外，由于个人的能力是有限的，因此社会工作者还需要借助前辈的经验、团队的力量及各部门之间的协作才能提供更优质的社会服务。

（作者：张　岑）

人本主义治疗模式在社区矫正个案工作中的运用
——管制人员 L 的个案介入与分析

一、案例背景

L,男,1960 年 8 月生(已退休),高中毕业,祖籍江苏,户籍地为上海市某区,户籍地现有住房为前妻和女儿所有,L 属于户口空挂、人户分离,目前实际居住在上海市另一区的出租屋内。2005 年,L 与妻子离婚,之后单身独居至今,与前妻和女儿基本断绝往来。

L 有盗窃前科,曾于 2019 年因犯盗窃罪被判刑,同时还有长期吸毒史。本次对 L 开展社区矫正,是因其再次犯盗窃罪。L 于 2021 年 11 月被判管制 6 个月,矫正起止时间为 2021 年 11 月 26 日至 2022 年 5 月 25 日。

L 存在严重的健康问题,身患高血压、糖尿病、尿毒症、高血糖等多种疾病,每天需要在家进行四次腹膜透析。

二、问题界定与需求分析

(一) 问题界定

1. 犯罪认知存在偏差,在刑意识薄弱

2019 年 9 月,L 因盗窃电动自行车曾被判拘役 3 个月,暂予监外执行 3 个月。2021 年,L 再次实施同类犯罪,将他人停放在路边的电动自行车偷盗回家。面对法院的判决,L 始终不能正确地认知自己的行为,总是轻描淡写地说:"路边的电动车没有上锁,就可以借用,不算真正的盗窃行为。"

正因为L对自己的犯罪行为有认知偏差,所以他在社区矫正的过程中表现出在刑意识薄弱的情况,对社区矫正存在明显的抵触心理,主要表现为不主动遵守日常点名等社区矫正规范。矫正点名等是社区矫正对象必须遵守的管制规范,但L经常以身患疾病为由,用不接电话、不回微信等方式逃避遵守社区矫正规范。在社区矫正小组频繁催告和敦促之下,L才能勉强配合完成社区矫正的管理,而在节假日等特殊时间,他还需要社区矫正小组成员上门督促、协助才能遵守相关管理规范。

2. 生活困难重重,家庭及社会支持明显不足

L身患多种疾病,每天还需要在家进行四次腹膜透析,其退休金难以满足房租、日常生活和医疗需要。受缺少照料等多种因素的影响,2022年5月,L病情加重,双下肢慢性溃疡致血管阻塞,皮肤大面积发黑,其中足跟部皮肤大面积破损和溃烂。L非常担心自己会像父亲一样因糖尿病足恶化而不得不截肢,并且在截肢后还要面对因感染造成的死亡风险,于是滋生消极厌世的情绪。在病情加重后,L的女友时常来照顾其日常生活,他的两个姐姐也会经常接济他,但由于缺少基本的家庭支持系统,L逐渐对生活失去信心。

(二)需求分析

1. 矫正认知偏差和在刑意识,增强遵守社区矫正规范的主动性

社区矫正是刑罚执行的一种特殊方式,通过非监禁的教育转化过程,降低犯罪者再次犯罪的可能性,最终帮助他顺利回归社会,成为守法的公民。L之所以多次犯罪并且缺乏社区矫正规范意识,根源在于他对犯罪的认知存在偏差。因此,针对L开展社区矫正服务,首先需要纠正他的错误认知,提升其法治意识和在刑意识,形成积极的人生态度。

2. 解决就医及生活困难问题,帮助构建社会支持网络

L身患多种严重疾病,而且行动不便,除两个姐姐和女友外,几乎没有其他亲友可以依靠。他微薄的退休金不足以支付每月的房租、日常生活开销、医疗费用等,因此只有帮助他解决看病就医和生活困难问题,改善社会支持系统,才可以让他顺利度过矫正期,回归正常生活。

三、理论依据

人本主义治疗模式,亦被称为当事人中心治疗模式,是美国心理学家卡尔·罗杰斯于20世纪50年代创立的。人本主义治疗模式主要受人本主义理论的影响,该理论被视为心理治疗理论中的"第三支重要力量"。社会工作者采用人本主义治疗模式时要秉持的主要理念包括:①

第一,社会工作者需注重自身的品格和态度。在人本主义治疗模式中,社会工作者需有健全的人格和品格,能为服务对象提供真诚、同感和无条件的积极关注,从而创造良好的环境,促进服务对象的自我发展。

第二,社会工作者需重视与服务对象建立良好的关系。具体而言,社会工作者要做到:(1)真诚和表里如一,社会工作者对服务对象的态度及给出的意见与他自身的感受必须是一致的。(2)不评判,社会工作者不随意评判,不将自身的价值观和行为准则强加给服务对象。(3)同感,社会工作者要从服务对象的角度体会和理解其感受。(4)无条件接纳,社会工作者对服务对象表现出的或良好或不佳的各方面均要采取接纳的态度。(5)尊重和关怀,社会工作者要给予服务对象不附加条件的关心和尊重。(6)保持独立性,社会工作者要在服务过程中保持独立性。

第三,社会工作者需对个案工作过程保持敏感和耐心。社会工作者要借助细致的个案辅导过程,与服务对象进行真诚的沟通,以便发现服务对

---

① 朱眉华、文军主编:《社会工作实务手册》,社会科学文献出版社2006年版,第154—158页。

象的潜能。

总而言之,社会工作者在介入时,其核心是要相信服务对象具有改变自己的能力和实现改变的力量。社会工作者要创造有利于服务对象改变的环境,激发其主动寻求改变的意愿以及做出实际改变的行动,采用倾听、同感、无条件的积极关注等技巧让服务对象充分地表达内心的真实想法,增强他对生活的信心,并动员服务对象的亲属一起帮助他解决问题,走出困境。

四、服务目标与计划

(一) 总目标

无条件地接纳服务对象,与服务对象建立良好的专业关系,创设有利于服务对象改变的环境,帮助服务对象提升解决问题的能力并树立克服困难的信心。

(二) 分目标

第一,建立彼此信任的专业关系,推动服务的顺利开展。
第二,矫正服务对象对犯罪的认知偏差,提升他的在刑意识。
第三,整合资源,协助服务对象解决日常生活中的困难。
第四,链接资源,加强服务对象社会支持网络的构建。

(三) 服务计划

1. 建立专业关系

一方面,社会工作者要加强与L亲友的沟通和联系,以便深入了解L的紧迫诉求,帮助他维持基本生活,控制病情,预防再犯;另一方面,社会工作者要靠前介入,主动但不强势,了解和掌握服务对象的现状和需求,减轻他在生活中的失落和担忧情绪,妥善处理L的阻抗行为,建立彼此信任的专业关系。

2. 矫正犯罪认知

社会工作者要采用教育学习、面询、上门访谈、社区走访、视频教育等多种形式,提升L的法治和在刑意识,修正他对犯罪行为的认知,帮助他认罪服法,严肃对待社区矫正。

3. 解决生活问题

由于L存在人户分离的情况,因此社会工作者需要发挥矫正小组的联动作用,联系L户籍所在地和居住地的居委干部,完善矫正小组的人员配置,整合多方资源,协力完成L的社区矫正管理。

4. 长效机制的建立

社会工作者需要帮助L建立和扩展社会支持网络。这可以激发他的生活动力,增强应对生活困难的信心和勇气,坦然面对疾病困扰,积极配合治疗以延缓病情发展。

五、介入过程

(一) 直接介入与间接介入结合,了解L基本情况和信息

社会工作者在收到法院委托的审前社会调查函后,立即对L展开了深入的审前调查取证工作。L与前妻离婚多年,为了核实他的户籍所在地与实际居住地,社会工作者对两地进行了走访确认。

在L户籍所在地的家中,社会工作者向L的前妻了解其情况。其前妻提供了他们2005年离婚的法院判决书,并向社会工作者提供了与服务对象有关的其他信息。

L毕业于重点高中,人很聪明,写字很漂亮,原本在政府的粮食系统上班。后来停薪留职下海经商,赚了一笔钱,却在之后染上毒瘾,将做生意赚的钱悉数挥霍。不仅如此,L还婚内出轨,最终导致离婚。离婚时为了房

产分割的事情,L 与前妻数次前往法院,最后终审判决两人婚内共同居住的房屋归女方所有,同时女方支付给 L 房屋补偿折价款人民币 30 万元。判决生效后,女方将 30 万元房屋补偿折价款交到法院,但 L 认为补偿数额过少,不服判决,始终没有去取,并因此一直认为自己还占有该房屋的份额。因为 L 与前妻至今未解决房产分割纠纷,所以二人的关系十分恶劣,女儿也不愿意与他联系。

在审前社会调查中,L 不希望其实际居住地的左邻右舍知道他犯罪的情况,因而并未向法院和社区矫正机构提供实际居住地的租赁合同,因此法院仍然将其社区矫正判决在户籍所在地执行。社会工作者通过前往 L 的实际居住地调查,在与 L 及其女友沟通后了解到:L 身患尿毒症,每天需要在家自行腹膜透析四次。他对自己的治疗非常认真,会记录每次透析的时间和透析出来的药水重量。平时,女友会来照顾他的日常生活,经常送送饭菜、洗洗衣服、打扫卫生等。L 自述每月退休金 2600 余元,全部用于支付房租、日常生活开销和腹膜透析的医药费等,不够的部分都是靠两个姐姐进行资助。L 目前双下肢呈慢性溃疡的状态,血管阻塞,皮肤大面积发黑,出行不便,其大姐夫出资为其购买了一辆残疾车,作为他平时出门看病的代步工具。

(二) 会谈巧用"自我披露"技巧,建立专业的服务关系

为了拉近与 L 的距离,社会工作者在会谈中巧妙地运用了"自我披露"的技巧。社会工作者向 L 讲述了自己陪伴和照顾患尿毒症长辈的经历,并谈到了腹膜透析病人在家庭护理中需要注意的事项。这顺利让服务对象敞开心扉,通过谈话,社会工作者更深入地了解了 L 的实际需求,顺利与他建立起了专业关系。

社会工作者:法院判决社区矫正之后,对你的生活主要有哪些影响?

L:最大的影响就是今年的退休工资不能提高了,我本来就是病

退，退休金不高，要支付房租、医疗费等。现在只能靠自己节约。

社会工作者：为什么不愿意在实际居住地接受社区矫正？

L：太"坍台"（丢脸）了，我没敢把这件事告诉我的姐姐和女友，怕她们再次对我失望。2019年犯罪被她们知道后，就把我臭骂一顿。所以法院审前调查的时候，我就想到户籍所在地这里进行社区矫正。如果我现在居住地方的左邻右舍知道我犯这种事，肯定对我另眼相待，我今后还怎么在小区里做人！

在初次访谈中，社会工作者了解到，由于服务对象年龄偏大，接受、理解网络信息并作出反应的能力较弱，因而通过微信进行沟通会让服务对象难以理解和接受。因此，社会工作者在这之后采取了微信和电话同时通知的方法，每周督促L到户籍所在地的司法所报到、接受法治教育学习。社会工作者在多次访谈中耐心地和L沟通，告知其社区矫正的各项规定，敦促其准时参加社区矫正中心和司法所组织的各类教育和学习活动，确保其完成社区矫正的各项任务。此外，社会工作者还通过不定期走访了解他在社区的表现和动态。通过频繁的互动，巩固与L的专业关系。

（三）依靠良好专业关系，推进正式帮教服务

1. 及时澄清矫正帮教任务及要求

社会工作者在与L建立起良好的专业关系后，开始开展矫正帮教服务。初期矫正阶段主要指导L按时完成社区矫正的各类教育学习，督促其完成每天三次点名、每周按时报到的要求，但是L对自己的犯罪行为认知不足，对社会工作者的监管存在逃避的心理防御机制，态度敷衍且不耐烦。面对L的抵触心理，社会工作者仍然耐心地一遍又一遍地讲解刑法的相关规定及社区矫正的规范，提醒他及时完成各项矫正任务。

社会工作者：你感觉这次的社区矫正和上次相比有什么变化？

L：上次社区矫正要戴电子手环，手环每天晚上要充电，还要在自己手机上点名，这次社区矫正感觉更人性化了，只要每天按时完成三次点名就可以。

社会工作者：你有按时做到吗？

L：我每天要腹膜透析，有时候会忘记点名。

社会工作者：其实，除了每天按时完成点名，你还要遵守社区矫正的其他各项规定，比如每周报到，每月提交情况报告，遇到突发情况，要第一时间和社会工作者联系等，这些规定你都要知晓和遵守，不然会对你产生不利的后果。

L：好，我尽量做到。

社会工作者：今后再看到没有上锁的电动车，你会怎么做？

L：其实，那辆电动车我拿回家也没有用，还要找地方把它藏起来，后来就扔在楼栋的角落里，结果还是被警察发现了。本以为我身患重病，不会被抓进去，没想到最后还是被判刑了，想想真不值得，得不偿失。

社会工作者：生病是不能逃避法律制裁的，每个人都要对自己的行为负责。今后再遇到这类情况，想想会影响退休金，还要面对那么多烦心的事情，还要想想女友一直照顾你、对你不离不弃，姐姐们一直尽她们所能帮助你，不要再让她们失望，你就不会冲动地伸手了。

L：是的，因为犯法被判了缓刑，需要一次次地跑派出所、检察院、法院和社区矫正机构，很烦很丢脸，我身体也吃不消了。今后肯定不会再去做这种傻事情了。

通过多次教育访谈，L 对犯罪和社区矫正的认知得到了修正。他承认了自己的犯罪事实，也明白了刑法的强制性和社区矫正的严肃性，打消了利用重疾逃避法律制裁的侥幸心理，学会了敬畏和尊重法律。

2. 发挥矫正小组的跨区帮教作用

由于服务对象跨区居住，为了发挥矫正小组的作用，社会工作者联系了服务对象户籍所在地和实际居住地的居委干部和社区民警,建立了跨区的矫正小组。社会工作者通过上门家访、社区走访、视频在线教育访谈等多种形式,加强了服务对象的法治意识和在刑意识,并对服务对象在居住地社区的实际表现和生活状况进行了实时跟踪。

3. 有效解决矫正帮教的集中点名难题

按照规定,社区矫正对象需要每天在规定时间段内通过手机完成点名任务。在矫正期间,L 的手机有两次忘记缴费,导致"停机",由于发生在晚上,服务对象出门不便,且不会在线支付话费,于是社会工作者在晚上赶至他家中,指导他用手机在线充值话费,保证手机畅通,不耽误点名任务。服务对象上年纪后记忆不佳,有时出门忘带手机,社会工作者担心他无法在规定时间内完成点名,便会上门督促他在规定时间内点名。2022 年 3 月 17 日,全市社区矫正点名应用软件升级,L 无法独立完成操作,社会工作者便前往其家中,帮助他升级软件。

2022 年春节前夕,司法所对有特殊生活困难的矫正对象开展了帮困解难的关爱活动。当社会工作者将牛奶、米和油等慰问品送至 L 家中时,L 说:"一直在给你们添麻烦,你们还关心我的生活,还送给我慰问品,实在不好意思,谢谢你们!"社会工作者告诉 L,春节即将来临,他可以到社区事务受理中心查询 2021 年度的医疗费用总额,如果自费部分超过一定额度,可以帮他申请医疗救助。

4. 及时应对疾病突发情况,帮助顺利度过帮教期

2022 年,L 由于独居且生活自理能力不足、生活照顾和健康管理缺失,导致糖尿病突然加重,双下肢慢性溃疡致血管阻塞,左脚足跟部皮肤大面积破损溃烂,如果病情拖延则有可能危及生命。服务对象非常恐慌,急忙向社会工作者求助,担心自己会像父亲一样因患糖尿病足而危及生命,还担心自己会因病情恶化不得不截肢,并且截肢后仍然有可能因感染而导致死亡。

接到 L 的求助电话后,社会工作者一方面与他的前妻和女儿联系,告

知她们L的身体状况,希望其女儿知晓父亲的病情,并能够协助其就医;另一方面,社会工作者又联系L实际居住地的居委会,将其病情恶化急需入院治疗的紧急情况告知工作人员。之后,社会工作者联系了L的姐姐,协助她与L实际居住地的居委会联系,协调帮助L尽早入院就医治疗。在多方关心下,L很快住进医院,得到了及时的救治。经过精心的治疗和护理,L的病情得以控制,他原本紧张慌乱的情绪,也得到了有效的缓解。

由于长期服用美沙酮和其他治疗毒品成瘾的药物,L的意识有时会出现游离,大脑无法控制手的活动,因此在使用应用软件点名时常发生人脸识别失败、点名失败的情况。对此,社会工作者设法与住院部的护工沟通和联系,请护工在每次点名时协助L用手机对准脸部,以便在规定时间内完成点名任务。

此外,L还患有尿毒症,长期依靠透析维持生命,为减轻后续的经济负担,社会工作者向他和他的女友推荐了"沪惠宝"(一款城市定制型商业医疗保险),并告知他们如果后续进行糖尿病足植皮手术,可以申请医疗保险补贴。

六、成效评估

经过六个月的帮教服务,L最终实现了对社区矫正各项规定的严格遵守——每周向司法所报到并接受教育和学习,每天点名,每月提交情况报告,没有发生因违反矫正规定而被处罚的情形,法治意识和在刑意识得到很大提升。

在将解除社区矫正证明书交到L手里时,他当场向社会工作者吐露了自己内心真实的想法和接受社区矫正的心路历程。他说:当初看到一辆没有上锁的电瓶车,没有抵制住诱惑,认为自己身患重病,即使被抓也不会被收监关押,正是存在这种侥幸心理,所以伸出了罪恶之手。之前,由于病情恶化,担心会同父亲一样,因患糖尿病足被截肢并在不久后感染死亡,心情十分紧张,情绪也很低落,幸亏得到了各方人士的关心和帮助,控制住了病情。L 很感谢社会工作者六个月来的帮助，表示自己不会再走"老路"，不会让关心他的人再次失望，会积极面对疾病，过好每一天。在场的 L 的女友和姐姐也对社会工作者提供的关心和帮助表示了感谢。

七、专业反思

社区矫正通常在社区矫正对象的实际居住地执行，但由于本案例的服务对象不愿意让居住地的邻居知晓自己被判刑的情况，因此未能如实提供实际居住地的租赁合同，导致出现社区矫正跨区管理的现象，给社区矫正工作造成一定的困难。本案例中的 L 单身独居，生活自理能力差，并患有尿毒症等多种严重疾病，再加上跨区居住，导致社区矫正管理和社会工作服务过程颇为复杂，社会工作者也感到棘手，产生了一些负面情绪。

之后，社会工作者选择以人本主义治疗模式为理论和实务指引，首先反思自己在服务工作中的人格特质及对服务对象的态度。在人本主义治疗模式中，社会工作者需要不断健全自己的人格和品格，以服务对象为中心，让服务对象感受到真诚和无条件的接纳，创造让服务对象感到温暖和安全的环境。因此，在建立关系阶段，社会工作者及时调整了自身的情绪反应，以共情、倾听、信任的方式接纳服务对象。与此同时，社会工作者还采用自我披露等方法尝试设身处地地理解服务对象所面临的困境。这让社会工作者赢得了服务对象的信任，使他接纳了社会工作者，双方顺利建立起专业关系。

面谈在建立和巩固专业关系上十分重要。社会工作者是希望听到服务对象内心真实想法的，但这不是仅运用倾听、专注共情、自我披露、提供信息等会谈技巧就能做到的，还需要实时走访，走进服务对象的生活，在具体情境中理解他们。矫正社会工作者比心理咨询师具有的优势，就是社会工作者能走进服务对象所处的真实环境，在其中去理解和体察他们的生活状态，感受他们的心理和情绪反应，寻找到适合他们的工作方法，找到打开他们心扉的钥匙，进而改变矫正对象对犯罪的认知和态度，提升他们的认罪悔罪意识,不会再次违法犯罪。

人本主义治疗模式相信服务对象自身具有潜力,只是环境的影响或个体对环境存在不理性的认知,使得个体不能将自身潜力发挥出来,甚至用自欺等方式逃避责任,做出异常的行为。人本主义治疗理念为社会工作者的服务提供了方向。即使社区矫正对象多次发生因欠缴话费、误删社区矫正点名应用软件、手机不及时充电、手机未随身携带而延迟点名等情况,社会工作者也没有在主观上质疑服务对象的行为动机,而是用正向、积极、信任、发展的眼光看待他,将服务对象视为一个真正意义上能独立自主的人,相信他有改变自己的能力和实现改变的力量,充分相信服务对象自身所具有的潜能,是一个能自我成长和自我完善的人。如果不断揣度服务对象的主观动机,反而会让社会工作者产生心理防御机制,并对自身的努力和工作成效产生怀疑,不利于持续开展服务工作。本案的服务对象有犯罪前科和吸毒史,已经形成了偏差严重的行为模式,社会工作者很难在短期内就看到介入效果或得到相应的反馈,需要长期持续的投入和付出。本案也深刻反映出社会工作是需要用真实触碰真实、用成长带动成长、用生命影响生命的助人工作。

在本案的服务过程中,出现了影响服务对象、社会工作者,以及二者专业关系、服务成效的突发和关键事件——服务对象的身体状况恶化。面对服务对象突然遇到的困难,社会工作者积极整合社会资源,在服务对象居住地的社会工作者、居委会工作人员的共同努力下,服务对象得到了及时的救治。这一行为在帮助服务对象缓解病痛的同时,也增加了他对环境的信任,激发了他克服困难的勇气。

(作者:施祖红)

任务中心模式下犯罪老年人的认知偏差矫正与家庭回归

一、案例背景

(一) 个人基本情况

S,男,66岁,汉族,高中文化,已婚,户籍地与居住地均在上海市。父母是双职工,有两个哥哥和一个姐姐,在家中排行最小。早年间有过一段婚姻,后因前妻执意前往日本发展,二人离婚,与前妻育有一子(S与前妻和大儿子基本不再有交集)。随后,S在朋友的介绍下认识了现任妻子,婚后二人育有一子。S的儿子与S相差45岁,父子二人代沟较深,再加上S平时对儿子的管教比较严厉,因此亲子关系比较紧张。S一直从事工程建筑相关的工作,收入可观;其现任妻子系国企员工,两人的经济情况较好。虽然夫妻二人相差15岁,但S的妻子性格随和,为人热心,即使S在生活中较为强势,其妻子也是一笑了之,较为迁就他。

(二) 犯罪相关情况

S在学生时代就喜欢"混社会",结识了一些不良朋友。虽然成年后因工作原因与他们有所疏远,但仍偶有联络。退休后,曾经的朋友再次与S取得联系,后续的犯罪事件也因此而起。

2021年9月,S朋友伙同S在本市的一处房屋内以斗蟋蟀的形式开设赌场,接受他人投注。其中,S担任赌场裁判,收取赌资及赢家每局所赢赌资的10%，并将钱款交与其朋友。二人的行为构成开设赌场罪，最终法院判处S拘役三个月，缓刑三个月，并处罚金人民币五千元。

二、问题与需求分析

（一）法律意识淡薄，性格固执，不接受犯罪判决结果

S系老年犯罪，社会工作者与他初步接触时发现他本人对本次犯罪认知并不深刻，思想上较为固执，同时内心也无法接受法院的判决结果。访谈时，S表示：自己的犯罪其实就是"帮朋友忙"，斗蛐蛐只是自己的一种爱好，开设赌场期间并未获得任何经济收益，主观上也没有犯罪的故意，所以不认同判决的结果，觉得犯罪行为并不严重。在访谈过程中，S总是以身体状况不佳（中风、颈动脉有软斑块、抑郁症、腰椎毛病）为由离开。

（二）犯罪判决后心理冲击较大，出现明显的心理压力与情绪问题

在访谈中，S认为自己之前的人生经历是较为平顺的，无论是家庭还是职业都经常被人羡慕，但到晚年却成为罪犯，这种"从天上掉到地上"的感受让他无法适应，出现了易怒、暴躁以及焦虑等严重的负面情绪。社会工作者给S做了SCL-90测试量表，其得分为134分。由量表可以得知S的情绪问题突出表现在三个方面：一是敌对和多疑情绪。S平时的警惕性比较高，遇到此事后，就更在意别人的一举一动，十分关注别人的谈话中是否有不利于自己的内容，常感到难与他人相处，且偶有破坏性行为，如会以摔东西来发泄对他人的不满。二是抑郁情绪。S的自我评价偏低，表现为郁郁寡欢、情绪欠佳、对事物兴趣不强，偶尔也会心情烦躁，不愿与人交往，时常失眠多梦。三是偏执情绪。S性格固执，即使是错误的观点，亦不愿意改变。

（三）家庭成员沟通和家庭关系存在不同程度的问题，需要介入干预

S自小受父母宠爱，兄长和姐姐也护着他，这导致S养成了比较自我的性格。富裕的家庭条件以及一帆风顺的成长经历使其产生了一种优越感且拥有强烈的自尊心，不愿意听取他人的意见和建议，只关注自己的想法和感受。S在家说一不二，认为自己是家中的"大老爷"，妻子和儿子必须听从自己。但在犯罪判刑后，他的家庭地位受到影响，不仅儿子敢和他"顶嘴"，一向温柔的妻子有时也会表达反对意见，这导致家庭关系逐渐紧张，家庭成员之间出现交流不畅的问题。

三、服务模式

根据S的现实情况和突出问题，社会工作者选择了有明确时间限制、针对具体问题的个案工作介入模式——任务中心模式。相较于传统治疗模式耗费时间较长、费用较高、效率较低等问题，任务中心模式强调用较短的时间，聚焦简单具体的问题，提供简明扼要的个案服务。

任务中心模式把服务介入的焦点集中在为服务对象提供简单有效的服务上，希望帮助服务对象在有限的时间内实现自己所确定的明确目标。任务中心模式具有如下特点：(1) 介入时间短。适合客观时间有限，或服务对象主观上不愿意接受长期治疗服务的情况。(2) 问题界定清晰。在问题界定方面，社会工作者与服务对象可以达成共识，服务对象知晓、承认某一具体问题的存在，并愿意且有能力处理此问题，同时服务对象有可能在服务时间以外尝试独立处理问题。(3) 服务目标明确。明确的服务目标可以帮助社会工作者衡量服务的成效。(4) 任务简明。服务需要完成的任务不复杂，具有可操作性和可实现性。[1]

---

[1] 范明林、林德立编：《社会工作实务：过程、方法和技巧》，社会科学文献出版社2018年版，第60—65页。

四、服务目标

(一) 总目标

改善 S 的认知问题,使其遵守社区矫正的相关规定,提升他对社区矫正的适应能力,并顺利度过社区矫正期。

(二) 具体目标

1. 矫正 S 的认知偏差,协助其理性地看待犯罪事件。
2. 开展心理疏导及心理减压服务,转变 S 的负面情绪。
3. 改善 S 的家庭关系,加强家庭支持。

五、服务计划

(一) 运用支持性技巧,协助建立良好的专业关系

由于 S 属于社区矫正对象,身份特殊,因此在社会服务过程中首先需要明确他的角色定位。同时,社会工作者也需要运用专注、倾听、同理心等支持性技巧同服务对象尽快建立专业关系。

(二) 开展认知行为治疗,纠正犯罪认知偏差

社会工作者可以通过与 S 沟通,了解他对犯罪行为的看法,找出不合理的认知,并运用认知行为疗法转变 S 的"固化认知"及负面情绪,鼓励他正视自己、肯定自己,积极面对现在与未来。

(三) 进行间接介入,加强家庭支持

社会工作者可以主动联系 S 的家人,以便了解 S 的具体需求、行为表

现和内心感受等;还可以争取S妻子的帮助,改善夫妻二人的关系,通过家庭支持巩固服务效果。

六、介入过程

(一)矫正初期:进行建立专业关系的访谈,提升对社区矫正的"依从性"

初次访谈时社会工作者和民警均在场。社会工作者首先向S介绍了自己的身份及工作职责,随后了解了S的具体个人情况,并向他说明了社区矫正的相关规定。当说到需要完成每天固定时间段的集中点名时,S立即表示自己"身体不好,眼睛看不见";当民警说明社区矫正的严肃性时,S表示"又不是杀人放火犯罪"(尚未意识到犯罪行为的严重性),并说自己就是"帮朋友忙,没有拿钱",认为自己"非常冤枉"。此时,场面出现了一些争执。

见此情况,社会工作者表示日常点名可以让家人帮忙,但S仍然强调困难,说妻子要上班、儿子要念书等,还拿出随身携带的一大沓病历,表示自己是病人,不愿遵守相关规定。社会工作者和民警再次向S说明社区矫正有严肃规定,即使因身体原因无法在规定时间内点名,也需要写申请。S则表示自己"视力不好,看不见",无法完成矫正任务。鉴于此,社会工作者将矫正的大致要求写在纸上让S带回家请其家人代写申请。

最后,社会工作者与民警又强调了社区矫正的严肃性,及违反相关规定的严重后果。S不耐烦地表示自己已知晓,并表示要去看病。

整体而言,初次访谈并不顺利,访谈过程中可以明显感觉到S怀有排斥和敌对的情绪,且对自己犯罪事实的认知并不清晰。

在未来的两周内,社会工作者每次与S提及他犯罪的情况,都会出现以下类似的对话:

社会工作者:S,你对自己所做的行为和判刑入矫有什么看法?

S：我能有什么看法！我气也气死了，我认为自己很冤枉呀。这段时间你也对我有一定了解了，我又不是"乱来"的人，就是退休了，在家无聊，朋友让我帮帮忙，去他那边看看斗蟋蟀，做做裁判，我没有拿过一分钱，收到的钱都是给朋友的。我就是从小喜欢玩蟋蟀，我们这个年纪的人很多都喜欢玩。以前工作忙没时间，现在退休了，虽然身体不好，但是看人家玩玩，做做裁判怎么啦！他们把我抓起来，你说我气不气啊！我又不是什么十恶不赦的坏人，又没有杀人放火……算了算了，不讲了，我一想到这件事就头晕，不能谈。

由于S的思想比较固化，对犯罪被判刑之事耿耿于怀，因此只要谈及与案件相关的事情，他都会抱怨一番，显得愤愤不平，随后不了了之，不愿意与社会工作者深谈。S反复表示斗蟋蟀只是自己的爱好，自己也只是帮朋友的忙，从没有获得过利益，强调自己十分"冤枉"，对判决结果内心不服。

于是社会工作者换了一个角度，从遵守社区矫正的规定入手。基于身体原因，社会工作者为S申请了"白名单"。开始时，S并不愿意主动点名，于是社会工作者电话联系他，寻找不同话题了解他的各种情况，并鼓励他尝试按时完成点名，同时表示如果眼睛看不见，可以在家人的帮助下完成。为了更快与S建立良好的专业关系，社会工作者还准备将S的妻子纳入社区矫正小组。在多次沟通后，社会工作者获得了S妻子的支持与理解，她表示愿意协助社会工作者一起做好S的帮教工作。

在S妻子的帮助下，S有了很大的转变，在他找理由不愿意完成点名时，S的妻子可以进行规劝，并敦促他按时点名。逐渐地，S能够做到当妻子不在家时，主动请邻居帮忙在规定时间内完成点名。这个从被动到主动的行为，不仅表明S正在接受自己社区矫正对象的身份，也说明他正在逐步适应社区矫正。

在社区矫正服务工作中，社会工作者常会遇到不服从规则、不配合完成矫正任务的服务对象。此时，社会工作者首先需要尊重服务对象，坚持以服务对象为中心的原则,用接纳的方法接受矫正对象的现实情况;然后关注服务对象的认知情绪,但当服务对象不愿直面现实或认知较为固化时,社会工作者亦可以转变工作方向,从服务对象的行为入手,通过促进行为模式改变逐渐改善其认知和情绪。

(二)矫正中期:回顾犯罪事实和过程,矫正错误的犯罪认知

S对于自己所实施的犯罪一直存在认知偏差,觉得自己是无辜的。在他的认知中,自己从小就喜欢斗蛐蛐,也有些自己的心得。退休后闲来无事就被曾经的朋友邀请去"帮忙",充当裁判并维持秩序,自己收的钱也全部都给朋友,并未获得过利益。

社会工作者通过类似案例的分享以及探讨,让S明白:虽然斗蛐蛐是一种爱好,但是借着斗蛐蛐押注赌博,把蛐蛐作为赌博工具,加入金钱因素后,这种爱好的性质就变了,此时的斗蛐蛐不再是一种娱乐方式,而成了违法犯罪行为;同时,社会工作者还督促S定期参加社区矫正的各种线上和线下法治教育和学习活动。慢慢地,S的思想有了明显的转变,也可以接受自己因为犯罪导致的刑罚后果。

通过日常走访和交谈,社会工作者发现,判刑让S有了沉重的心理负担。他平常嚷嚷自己犯的又不是杀人放火等暴力犯罪,只是想表明自己本质上并非坏人或恶人。理解服务对象的需求后,社会工作者运用无条件积极关注的技巧,让S倾吐内心,帮助他意识到了自己对犯罪行为的不合理认知和情绪,同时也让他明白人生不是一帆风顺的,需要理性看待并面对已经发生的事情。

(三)矫正后期:间接介入,强化、提升家庭支持功能

随着社会工作帮教服务的推进,接下来的访谈较多涉及了S的情绪问题以及家庭矛盾。经过多次访谈,S表达出了自己的愧疚情绪,觉得特别对不起善良的妻子,还给家庭带来了伤害,但又感觉自己犯罪后被家人看不起。原本在家中自己"说了算",但是现在妻子和儿子都会和自己"顶

嘴"。这让他觉得因为犯罪判刑自己的家庭地位下降了。

基于 S 想改变的现状,下面的访谈社会工作者运用了动机访谈技术。

社会工作者:S,很高兴你信任我并愿意主动来讲述目前的困境,我能感受到你焦虑不安的情绪,同时也感觉到你想要改变现在的生活方式,对吗?

S:是的,我挺难受也很痛苦,我现在每天在家不知道该干什么,因为身体不好,就只能开着电视机然后睡觉,但是越想睡越睡不着;孩子读大学平常又不回来,周末回来问问他情况,他有时候不回答,有时候回答,但也显得很不耐烦;老婆下班回来后也时常唠叨我,我就躲在房间里睡觉,睡着了也就什么都不想了。(S 用睡觉这一行为逃避不想面对的现实)

社会工作者:你说的不想是指什么?

S:就是因为我犯事了,老婆、孩子对我的态度不一样了。老婆经常一边做家务一边唠唠叨叨,我听着很烦,和她争辩几句,她就开始数落我;儿子见到这情况就帮着他妈一起数落。你看看,我被判刑之后儿子都敢和老子顶嘴了。

社会工作者:所以妻儿态度的转变让你十分失落,为了避免这些,你选择躲在房间里睡觉来缓解矛盾,对吗?

S:是的呀,我真的不愿意和他们吵闹。一个是我老婆,一个是我儿子,也争不出"花"来。(不好意思地笑)

社会工作者:那家人不在家时,除了睡觉,你还会做些什么呢?

S:就在家待着,不做什么,挺无聊的。

社会工作者:所以我可以这样认为吗?你认为一个人在家的时候比较无聊,你不喜欢这样的生活方式。

S:肯定的呀,一个人很容易抑郁的,独自在家挺压抑的。我以前下班回来老婆把饭都做好了,热乎乎的,儿子也很乖,还经常向我展示自己的成绩,和我讲学校发生的事情。现在都变了,儿子不愿意和我分享了，肯定是嫌弃我了，老婆也开始唠唠叨叨的。

社会工作者：我可以知道你妻子主要唠叨什么吗？

S：说我天天在家不干活，一直在家躲着睡觉。

社会工作者：还有其他的吗？有针对此次被判刑的言语吗？

S：（一愣，思考了一下）那倒基本没有，一开始儿子在争执中会说这个，但是我老婆会打断他，不让他说，后来就再也没说过。而且当时判刑后我情绪一直不好，睡也睡不着，想不通，我老婆一直劝解我，所以我觉得挺对不起他们的。

社会工作者：听你这么说，我感觉你妻子非常在意你的感受。目前你们存在矛盾的地方是你妻子希望你在家不要一直躲在房间里，而是可以协助她做些家务事，对吗？

S：（思索一会）这样说起来，好像是的。

（社会工作者谈到此处发现S的认知出现了变化，立即利用前后对比法引导S回忆犯罪前后家庭成员态度的变化。事实上，他的妻子和儿子没有因此而嫌弃他，反而都在为他担心，特别是他的妻子经常会进行劝解，而儿子有时候所谓的"顶撞"也是一种担忧的表现，因为他长大了，有自己的想法，怕父亲再次走上犯罪的道路。）

社会工作者：那这样看来，利用躲在房间里这一行为躲避所谓的"矛盾"只能解决一时的问题，但长期来说可能导致更坏的结果，对吗？

S：（想了一段时间，点点头）是的。

社会工作者：你确信那样会让你失去更多吗？

S：应该是的。

社会工作者：你确信吗？

S：（犹豫了一下，很认真地点了点头）确信！

社会工作者：那你是否愿意在我们结束此次谈话后，回去做些改变呢？例如协助你妻子做些家务。

S：我愿意试试。

每个人作出改变都需要巨大的动机和勇气,特别是当某一行为已经成为一种习惯,甚至当它成为一种"逃避现实生活"的重要手段时,更是十分难以改变。服务对象 S 存在的认知偏差就是只关注负面的情绪及事件,忽略了所有积极向上的正面事物。

社会工作者与 S 沟通,帮助他认识到自己是拥有完整家庭支持系统的,妻儿都没有因为判刑这件事疏远他,反而在积极疏导他的情绪,他现在有稳定的收入、和睦的家庭,唯一需要调整的就是自己的想法以及有些偏离正常状态的行为。之后一段时间,S 果然作出了一系列的改变,不仅学着去菜市场买菜,也向妻子学习做菜,这些行为都增进了他与妻子的感情。与此同时,妻子时常的夸赞也让 S 出现了更多正向变化,并能在变化中体会到正向情绪,因此即使后来发生争执,他也不再用躲进房间里睡觉这一行为来逃避。S 表示,摘除"有色眼镜"之后看待自己,整个人的情绪变得更好了。

在帮教的最后阶段,社会工作者引导 S 加强了对家庭社会功能作用的认识,这让他和妻子、儿子在日常相处中的关系更加融洽。同时,S 也接受了社会工作者的建议,学会了"放下"自己,家中不再是"一言堂"。S 表示,虽然有时候儿子还是会"顶撞"自己,自己也很生气,但是会控制住情绪,等气消下去一些再讲话,避免进一步发生争执。虽然年龄相差 45 岁,代沟非常深,但由于 S 态度有所改变,如今父子二人也逐渐能说上一些话题。

社会工作者通过 S 妻子也了解到了 S 的一些变化。以前在家都是妻子做家务,S 像"大老爷"一样,现在 S 也会做些家务,这缓解了妻子的压力,两人的感情更加地稳固。社会工作者鼓励 S 与其妻子多进行日常交流,并建议在以后的相处中,夫妻两人选用换位思考或者前后对比等方式处理遇到的问题。如今,S 真正体会到了家人的可贵,之后的访谈中 S 经常表示,其实判刑除了让自己知道要懂法更要守法外,最重要的是让自己对生活有了全新的认识,以前一直以为赚钱给家人更好的生活就是自己最大的贡献,现在才发现陪伴非常的重要。

七、成效与反思

本案例撰写时服务对象 S 已经顺利度过矫正期，正式回归社会。本案中，服务对象 S 从拒绝、排斥到接纳社会工作者，再到积极配合社会工作者的工作，前后度过了三个月的时间。在这一过程中，社会工作者通过陪伴、倾听、鼓励支持、专注、平等接纳以及无条件积极关注等专业方法、技巧与服务对象建立了良好的服务关系。由于 S 是短刑犯，在这三个月的社区矫正期内，社会工作者主要采取了任务中心模式，在有限的时间内完成了既定的计划。

在帮教过程中，社会工作者也有一些反思：

第一，整合社区矫正对象家庭成员的力量，共同做好服务对象的帮教工作。本案的服务对象思想较为固化，法治观念淡薄，人生观、世界观、价值观受传统影响较深。再加上其朋辈群体中有不良的社会人员，服务对象容易在他们的影响下再次走上犯罪的道路。因此，社会工作者动员了服务对象家庭成员的力量，在他们的协助下做好帮教工作，取得了理想的结果。

第二，以法治为手段，完善老年人管理体系。老年人犯罪的原因很多，其中绝大多数与时代、生活环境的变迁，身体生理机能的变化和精神方面的改变有关系。因此，要加强老年人的法治教育，通过社会、社区、家庭等多方联动，结合诸多有机要素，形成一套有序的管理体系，不断拓展老年人生活的宽度和广度，切实降低老年人群体的犯罪率。

（作者：张　岑）

社区矫正老人的危机干预

一、案例背景

(一) 个人基本情况

A,77岁,中国香港特别行政区居民,在上海无自有住房,一直租房居住,小学文化水平,身患各种慢性疾病,有吸毒史。20世纪80年代移居香港。在香港生活期间,A成功创业,后公司因香港金融风暴、经营不善及A本人挥霍无度等原因逐渐衰败,A也与其妻子离婚,A的儿子、女儿定居英国后与A往来较少。

(二) 社会支持情况

A因在香港无法立足,于近年投靠在上海生活的妹妹,回到内地居住。妹妹为A在上海某区租了房子,定期上门看望,平时也会带A看病,为他垫付医药费,并每月给予一定的经济资助。妹妹是A所获实际支持的唯一来源,为A提供生活照顾、经济资助等。但妹妹的家人并不知道A的犯罪情况,并且妹妹也不愿意自己的家人知道哥哥的犯罪事实。因此,妹妹在对A的照顾和帮助上有所顾虑,照顾时间有限。

A有一些存款,均由妹妹保管。和妹妹多日没有联系后,A近期的经济状况变得比较拮据,他在英国居住的儿子和女儿每月分别会给他转账3000元和2000元人民币,除此之外A无其他经济收入。因A是香港居民,所以他在上海生活期间,不能享受上海市的相关救助、医保等社会保障政策。

(三)犯罪相关情况

A有吸毒史,有多次因吸食冰毒而获行政处罚的记录。2017年3月,A因出售毒品被警方抓获,行为构成贩卖毒品罪,被判处缓刑。社会工作者通过与A的访谈了解到,他在香港就有吸食冰毒的经历。A解释吸毒是为了缓解慢性病痛的折磨,并表示自己已经同吸毒圈子断绝了往来,对毒品也没有依赖。但居委会和民警曾多次发现A的居住地有不明人员进出。对此,A作出的解释是,这些人员是自己离开上海去香港定居前工作单位的同事,但考虑A的案由和吸毒史,居委会和民警认为无法排除是涉毒人员的可能性。

二、问题与需求分析

(一)居住房屋失火,面临无处居住的困境

A原独自居住在租借的一居室内,房屋空间尚可,但屋内极为杂乱,A也没有余力整理,无论是卧室、厨房还是卫生间都堆放着杂物,燃气、灶台上也堆放着易燃物,存在火灾隐患。A在2023年春节期间,因做饭过程中操作不慎造成房屋失火,虽及时报警将火扑灭,房屋损失不大,也没有造成人身伤害,但房东不愿再租房给他。考虑到A是独自居住,一旦发生意外或者突发疾病难以应对,且火灾发生后居住环境更加恶劣,A的妹妹打算将A送到养老院生活。但A对于去养老院居住非常抗拒。一边房东要求A离开的期限已至,另一边其妹妹只安排了养老院居住,因此A的状况十分窘迫,只能赖在原居住地房屋不肯离开。在同社会工作者访谈时,A情绪低落,言语悲观,称"就是死在马路上也不去养老院住",其妹妹的态度也很强硬,多次表示除了养老院不会再为A安排其他居住场所,倘若不去,就不再管他了。双方因此发生了多次争吵,A面临着即将无处居住的困境。

(二) 身心状况不佳,需要介入与干预

1. 身体健康方面

A 有中风史和较为严重的白内障,阅读时需要贴得很近才能看清,他的右腿有较为严重的关节疾病,还患有包括糖尿病、高血压等在内的多种慢性疾病。A 在中风后走路不稳,步伐极为缓慢,行走时会"拖着"右腿,但还能自己行走。A 自述正在服用药物控制血糖和血压,知道各类药物的药效和服用时间,但近期受住所问题的影响,时常忘记服药。

2. 心理健康方面

A 待人处事热情,很愿意和社会工作者或其他人交谈。尽管因早年中风,身体受到损伤,但他的时间感、空间感、记忆力和对人的辨识能力没有受到影响。他难以理解为什么自己会走到一个必须进入养老院生活的境地,情绪非常低落,谈及入住养老院的话题就十分焦躁、紧张和警惕。A 自述对现在的处境很"郁闷",有时感到非常无助甚至是绝望。"老年抑郁量表(GDS)测评"中,A 的得分为 25 分,属于中重度抑郁。

总的来说,A 存在如下心理问题:(1) 情绪明显低落,对生活失去兴趣,对过去和未来都感到失望和懊恼。(2) 自怨自艾,有明显的无助感和绝望感,时常哭泣或者整日愁眉苦脸。(3) 精力下降明显,思维和记忆力减退,做事易疲倦或不想做任何事情,活动显著减少。为进一步界定问题,社会工作者尝试问他是不是真的想过死亡或者结束自己的生命。A 表示,虽然有过一些很消极的念头,但内心还是觉得也许并没有那么糟糕。

(三) 日常生活与社会交往存在困难

受年龄和疾病的影响,A 在日常生活中有很多不方便的地方,如需要协助才能乘坐出租车、公交车等交通工具,又如虽能自己走动但行动极为缓慢。社会工作者观察到 500 米的距离 A 需要借助拐杖行走超过 20 分钟。虽然 A 目前还能洗澡、穿衣服、打电话、买菜做饭、独自服药,但他也

承认，洗澡和洗衣正在变得越来越困难，买菜的时间也越来越久，忘记服药的频率也越来越高。因为动作反应变慢，烧菜做饭也越来越困难，如今房屋因失火不能再烧饭做菜，A日常吃饭只能依靠外卖。

社会工作者对A进行了"日常生活能力量表（ADLs）测评"，得分为24分，其中躯体生活自理能力为8分，工具性日常生活能力为16分。数据显示，A在行走、洗澡、洗衣、使用公共交通工具出行、做饭和做家务、服药、购物及处理财务等方面都存在困难，有明显的生活功能性障碍。服务对象对自身生活能力的认知与社会工作者的评估是一致的。

三、理论基础[①]

危机是指个体在正常生活中因受到意外危险事件的影响而产生的身心混乱的状态，一般可以分为"普通生活经历的危机"和"特殊生活经历的危机"两大类。前者指个体在成长过程中都会遭遇的困难，强调危机本身即个人成长的组成部分；后者则是特殊群体遭遇的困难，此种危机常会给个体带来严重的不良后果，甚至导致出现长期的生理、心理或者社会功能的损害。本案例的服务对象A作为一名空巢独居的老人，经历的失火事件是一种"特殊生活经历的危机"，它打破了服务对象原有生活的平衡，影响到了服务对象的正常生活。

某个事件成为危机，需要同时满足三个方面的条件：一是事件阻碍了服务对象重要目标的实现，使服务对象的基本需要无法得到满足；二是事件的处置超出了服务对象已有的能力，服务对象无法凭借自身以往的经验解决问题；三是事件导致服务对象出现心理失衡，使服务对象处于心力交瘁的脆弱状态，无法忍受任何生活压力。由失火引发的居住安全和日常生活照顾问题，超出了A已有的解决问题的能力，导致他心理失衡，生活需求亦不能得到满足，因此需要外部的支持和干预。

[①] 隋玉杰主编：《个案工作》，中国人民大学出版社2019年版，第167—171页。

危机干预模式通常包括两个方面:一是减轻危机事件对服务对象的负面影响;二是在帮助服务对象解决现实问题的同时,利用危机事件提升服务对象适应环境的能力。危机干预的基本内容有:及时处理、限定目标、输入希望、提供支持、恢复自尊、培养自主能力等。在危机干预中,社会工作者须在有限时间内迅速了解服务对象面临的主要问题,快速作出危险性判断,有效稳定服务对象的情绪,积极协助服务对象解决危机问题。

四、介入过程

(一)限定目标,界定问题

根据访谈情况,社会工作者发现,A 正处在由于原居住地住房失火这一突发事件引致的与居住、生活照顾等一系列问题相关的混乱状态。这一事件打破了 A 原有的生活平衡状态,但以 A 现有的个人能力又不足以应对。为了避免情况进一步恶化,社会工作者需要及时进行危机干预,采取措施提供紧急服务。根据服务对象的相关情况,社会工作者设定的具体服务目标如下:

(1)聚焦居住和生活照顾问题,整合资源并调动 A 的社会支持系统,以解决他当前面临的生活问题和困难。

(2)输入希望,提供支持,减轻 A 的心理和情感的压力,避免他作出更消极和极端的行为。

(3)培养自主能力,帮助 A 更好地适应老年生活,恢复生活平衡。

(二)整合资源,解决居住和生活照顾问题

居住和生活照顾问题是 A 面临的主要问题,也是本次危机干预最为聚焦,需要得到及时处置的核心问题。为了解决这一问题,社会工作者首先同 A 分析了现在的状况,即现居住地房东已经明确不愿租房给他,而他妹妹也明确告诉他已联系好养老院。社会工作者和 A 分析了他的生活能力和经济状况,并就不去养老院,另选其他房屋居住能否安全地生活,会不会再次发生用气或用电方面的事故,遇到突发疾病能否应对等问题进行了假设。社会工作者还让 A 想象了入住养老院后的生活,并说明哪些是能接受的,哪些又是不能接受的。

访谈中,A 承认自己一个人在外租房居住确实不安全,可能再次发生意外。而他不愿意入住养老院的主要原因是:虽然在养老院有人照顾,但自己不习惯与多人住在一个房间,也担心养老院的饮食,更担心在养老院会被限制人身自由。在了解到 A 的想法后,社会工作者立即同他妹妹进行了交谈。

在社会工作者的协调下,A 与妹妹面对面地进行了一次交谈。A 将因担心不能得到良好照料而不愿意去养老院居住的想法与妹妹进行了沟通。社会工作者则在两人之间展开协调,一方面劝解 A 体谅他的妹妹;另一方面也劝告他的妹妹,告诉她有责任和义务解决好 A 的居住和生活照顾问题。访谈中,A 的妹妹表示,养老院已经确定好,但可以考虑 A 的想法,保证养老院不会限制他的自由,可以为他选择两人居住的房间,选择养老院中较好的伙食待遇和照顾服务,并承诺每周去看望他一次,带他喜欢的零食和必需的药品等,还可以为他购买平板电脑以方便观看影视娱乐节目。在反复沟通后,A 逐渐接受了入住养老院是更为合适的选择这一事实,为了尽快帮助 A 解决心理困扰,社会工作者还让他的妹妹带他去养老院提前体验了居住及周边环境,最终 A 同意入住养老院,并于 2023 年 4 月入住上海某老年公寓。

(三)缅怀往事,释放心理压力,重拾生活信心

在帮助服务对象解决"危机事件"的过程中,社会工作者要为服务对象输入希望、提供支持,避免危机进一步发展。为此,社会工作者根据 A 的状况,选择采用"缅怀疗法"帮助他释放心理和精神压力,并从悲观的情绪中走出来,消除可能出现的更消极的想法,重拾对生活的信心。

社会工作者首先通过与 A 的多次会谈,给他提供了一个倾诉和发泄

内心情绪的机会,让他感受到自己被关怀和关注。社会工作者告诉 A 现在的事件和他的反应是一个人走向老龄时所表现出来的普遍的、正常的状况,以此减少服务对象怀疑自己、否定自己的负面情绪。在服务中,社会工作者重点运用"缅怀疗法"开展服务。"缅怀疗法"是依靠回想过去的经历,帮助服务对象追溯正面的事件和感受,通过回顾自己的生活,发现人生成就和意义的治疗方法。

在社会工作者的引导下,A 和社会工作者谈论起自己的过往经历:年少时和妹妹之间的关系;在香港和妻儿一起创业,从在马路边清洗车垫、地毯开始,逐渐利用承包装修工程的机会创业;公司业务发展最好时曾拥有多栋地产等。在服务对象的社会支持网日渐缩小及健康状况持续恶化的情况下,对过去岁月的回忆会成为巨大快乐的源泉,尤其对于 A 这样拥有丰富人生经历的人而言,缅怀往事具有独特的效用。

尽管在此过程里,也暴露出 A 人生中一些尚未解决的冲突,如与妻儿的关系等,但社会工作者实施"缅怀疗法"的目的并非要解决服务对象的具体问题,而是通过缅怀往事让服务对象觉得他仍然是值得被尊重的。在回忆过往辉煌岁月的过程中,服务对象的情绪能够得到改善。在缅怀后 A 告诉社会工作者,自己会用更积极的态度去解决困境,而不是采取消极、极端的方法。

(四) 重建因应行为,恢复生活平衡

A 入住养老院后,社会工作者又多次跟进走访,并发现他依然存在情绪低落的问题,还没有完全适应养老院的生活,而这可能会对 A 后续的生活和健康造成影响。因此,社会工作者选择继续提供服务,全面了解 A 在养老院的生活,并根据现实情况对他开展心理辅导。

访谈中,A 向社会工作者反映,自己确实对养老院的生活不很习惯,主要有三个方面:一是很不习惯与他人同住,对其他人和自己同住一个房间感到恐慌。二是对餐食不满意,虽然养老院的午饭和晚饭的质量还可以,但早饭的质量很差,自己以前住在香港,有喝早茶的习惯,对早饭差这一点

很不满意。三是自由受到限制，养老院并不能随意出入。除此之外，A还表示自己近期要接受白内障的手术，担心遇到问题。

社会工作者对A的失落情绪进行了安抚，并尝试帮助他解决问题。第一，社会工作者让A回忆过去的经历，看看能否找到自己过去成功应对人生难题的技巧和方法。第二，社会工作者帮助A提升社会交往和沟通的能力，让他能运用积极的方法与他人交流，解决社会交往难题。第三，针对服务对象提出的早餐问题，社会工作者询问了养老院，并鼓励A主动与养老院协商，养老院表示在确保服务对象人身安全的情况下可以同意外出用早餐。在社会工作者的帮助下，A的适应困难问题得到了改善。

(五) 强化在刑意识，及时加强犯罪预防教育

当A在养老院的生活逐渐稳定，度过危机后，社会工作者再次走访了养老院，并从养老院处得知，A在养老院的住处仍会有一些来历不明的人员出入。考虑到A的犯罪情况，社会工作者加强了社区矫正的监管教育，对服务对象开展在刑意识教育，严肃提醒他要对社区矫正要有正确的认识，远离原来的不良朋友，远离毒品，不能再实施触犯法律的行为。

为了有效开展社区矫正监管服务工作，社会工作者联系了A所居住的养老院的负责人，请他担任A的社区矫正帮教志愿者。社会工作者同负责人商议确定了社区矫正期间A在养老院的帮教管控措施，通过采取负责人亲自查看、安排护工查看、不定时上门查看等方式，落实对A的监督和管理，防止其重新违法犯罪。

五、服务成效评估

本案例中，社会工作者在服务对象遇到突发危机事件后及时进行了介入，开展了危机干预服务，通过服务解决了服务对象居住不安全、生活照顾不稳定等问题，服务对象经过社会工作者的协调顺利入住养老院。

社会工作者在服务对象入住养老院后，及时跟进服务，缓和了他在入

住养老院早期的不良情绪,帮助服务对象逐渐适应了养老院的生活,使他的生理和心理状况恢复平衡。在评估阶段,服务对象再次进行了日常生活能力量表(ADLs)测评和老年抑郁量表(GDS)测评,结果显示,服务对象的生活能力没有显著改善,依然存在明显的功能障碍,但他的抑郁水平与危机干预前相比已明显降低。

在此基础上,考虑到服务对象依然有涉足毒品的可能,社会工作者加强了对他的社区矫正监管,并开展了预防再犯教育。这些措施能够提高服务对象的法律意识,帮助他远离毒品。

六、专业反思

本案例中,社会工作者运用危机干预的理论模式,帮助服务对象处理和应对了严重的危机事件,解决了服务对象住所不安全、生活照顾不稳定的问题。作为一种处置紧急问题的社会工作实务模式,社会工作者在开展专业服务的过程中,遵循的实务优先原则是:危机干预＞老年人社会工作＞社区矫正社会工作。按照此原则,社会工作者在本案例中聚焦短期问题,扮演了应急处理者的角色,但在一定程度上放松了社区矫正社会工作原本应重点关注的监管和预防犯罪,因此在危机事件处置后社会工作者迅速加强了对服务对象的矫正监管。

危机干预模式为社会工作者帮助服务对象应对严重的危机事件提供了有用的思路。危机干预模式注重聚焦问题、快速解决问题,不把危机事件个体化和问题化,强调个体在应对情境危机事件的差异性。然而,危机干预模式虽然能简明快速地处理服务对象的危机,但也回避了服务对象面临的一些长期问题,或某一群体共同面临的社会问题,在本案例中即独居老年群体居家照顾问题、在内地居住的香港居民的社会保障问题等。对于长期性的问题或社会性的议题,危机干预模式力有不逮。社会工作者对服务对象的危机干预的确能改善他短期内的生活状态,但无法避免后续生活中他因为个人健康和照顾问题再次遇到危机。

因为在危机干预的过程中,社会工作者需要在短时间内聚焦服务对象的问题并力争解决,所以在解决服务对象居住照顾这一核心问题上社会工作者已经倾向于采取入住养老院的方式,而这导致后续的访谈中或多或少地带有说服服务对象接受这一方案的意图。虽然从结果看,这样的选择可能是最合适的,但社会工作者的这种主观倾向是否有悖于服务对象自决的原则,是否符合老年社会工作的服务伦理,仍需要社会工作者进一步思考,而这也是社会工作发展中需要持续探究的议题。

(作者:宋子冕)

唤回迷失心灵　重塑美好人生
——社区矫正对象 L 的个案分析

一、案例背景

(一) 个案来源与接案

L 是社会工作者在 2021 年的 10 月接收的一名社区矫正对象。她因开设赌场罪被判处有期徒刑 1 年 6 个月，缓刑 1 年 6 个月。L 因判刑处于低沉状态，对生活丧失希望，因而成为机构的服务对象。社会工作者与 L 第一次见面是在她所住的社区。在和 L 交流时，她大多数时候处于被动回答状态，能明显感受到不善言辞与小心翼翼。社会工作者耐心地向她介绍了机构情况以及社会工作者的工作职责。经过两次交流，L 表示愿意接受社会工作者的服务并会努力配合，由此社会工作者与 L 建立了初步的专业关系。

(二) 服务对象基本情况

1. 自身基本情况

L，女，1994 年 11 月出生，中专文化，已婚。因开设赌场罪被判处有期徒刑 1 年 6 个月，缓刑 1 年 6 个月。

2. 家庭生活情况

L 的父母是知青，父亲是上海人，母亲是安徽人，L 从小生活在安徽农村，2004 年一家人搬到上海生活。父母共孕育两女一子，姐姐比 L 年长三岁,弟弟比 L 小两岁,家庭重男轻女的思想很严重,L 在家中常常被忽视,形成了一种敏感自卑的性格。2015 年 21 岁的 L 通过朋友介绍和 23 岁的丈夫相识,两人相谈甚欢,经过两年的相处,于 2017 年结婚,2018 年诞下一子(图 5-1 为 L 的家庭结构图)。

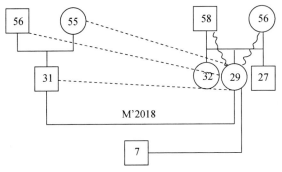

图 5-1　L 的家庭结构图

刚结婚时,L 的公公婆婆对 L 很关心,但随着时间的流逝,L 与丈夫的感情趋于平淡,二人时常因为家庭琐事闹矛盾,与丈夫及公公婆婆的关系慢慢变得疏离。丈夫和公公婆婆则时常因为她来自安徽且基本靠婆家生活而有点轻视她。L 被判刑后,丈夫责备了她很久,公公婆婆也冷眼旁观。但最让 L 难过的是自己的父母家人也不重视自己,她因为弟弟的原因而参与犯罪,但是父母还是明显袒护弟弟,没有考虑过她的感受,也没有给予相应的支持和帮助,这让 L 变得郁郁寡欢、心事重重。唯一值得安慰的是,L 与儿子关系融洽,儿子对于母亲能回到家中陪伴而感到开心。

二、问题分析

(一) 思想压力

由于家庭关系不好、工作生活不顺,L 有很大的压力,矫正期间就向社会工作者透露过一些负面想法。即使平稳度过了缓刑考验期,整个人还是十分抑郁,也因为自卑与朋友亲戚断绝了来往。她觉得自己彻彻底底变成了一个"边缘人",除了在家带孩子,基本没有正常的社交。在谈话中,L也多次流露出对目前生活的绝望情绪。

(二)法治意识

L之所以犯罪,是因为学历低,法治意识比较差。她想不通为什么自己组织亲朋好友打了几次麻将就变成了开设赌场,觉得十分冤枉。虽然社会工作者反复和她说了其中的原因,但是L还是无法接受。因此,需要加强对L的法治意识教育。

(三)自我价值

重新回归社会的L,对未来感到迷茫,既不知道自己将来要做什么,也不清楚自己能做什么,更多的是对自己能力和价值的否定,觉得自己一无是处,长期处于自我怀疑的状态。尽管有积极尝试新事物的想法,但这种想法要么很快被自身失败的经历扼杀了,要么被家人的无视和反对终结了,所以L至今仍处于浑浑噩噩的状态。

(四)社会支持

L与家人逐渐疏远,家人对她的态度更是颇为冷漠,曾经要好的朋友在她被判刑后也开始疏远她。L有时甚至找不到一个说真心话的人,心情不好的时候她就喜欢窝在床上看看小说。L因为犯罪变得更加敏感,总认为自己会被别人用异样的眼光看待。综上,L缺少有效的社会支持系统。

三、服务计划

(一)服务目标

1. 改善L同丈夫和家人的关系,增加与丈夫的沟通和交流,鼓励她将内心真实的想法表达出来。

2. 帮助 L 建立助人自助的理念,用实际行动证明自己可以通过努力追求想要的未来,最终回归社会,好好开始新的工作与生活。

3. 让 L 抛弃心中不合理的信念,找回自身定位,修正不良心理,重新找到自己的价值。

(二) 介入策略概述

1. 通过学习相关法律法规和案例,帮助 L 反思以往的错误行为,加强法律意识。

2. 通过个别访谈、心理健康知识讲座等形式,有针对性地做好 L 的心理疏导工作,引导她正确面对现实。

3. 引导 L 正确规划人生,鼓励她正确面对现实,通过努力,改变别人的异样认识。

4. 从家庭和社会的角度帮助 L 寻找更多的社会支持网络,降低她的自卑程度,鼓励她在人际交往中发挥主动性。

5. 推荐 L 参加竹刻班,通过学习,纠正错误认知前意识到自己的优点。

(三) 介入步骤

根据服务目标与介入策略,社会工作者设计了介入服务内容,具体安排如表 5-1 所示。

表 5-1 L 的个案工作介入安排表

服务阶段	服务时间	主题	目标	具体内容
第一阶段	2021 年 10 月	增强法律意识	培养法律意识,帮助 L 进行自我反思,预防再犯	学习《民法典》《刑法》;观看法治教育宣传片、警示片并进行探讨,交流观后感

（续表）

服务阶段	服务时间	主题	目标	具体内容
第二阶段	2021年11月	正视当下生活	进行心理辅导,使L正确面对现实	通过访谈,劝导L不要再纠结于过去的错误行为,放平心态,并邀请她参加心理健康知识讲座
第三阶段	2021年12月	改善家庭关系	帮助L改善与丈夫及家人的关系,意识到家庭的重要性	与L的家人进行访谈,让他们了解L的现状;鼓励L积极与家人交流,并改正自身的不足
第四阶段	2022年1月至2022年3月	提升人际交往能力	帮助L恢复社交能力,引导她依靠自身能力结交新朋友	介绍L参加社区志愿者活动,鼓励她结识新朋友
第五阶段	2022年3月至2022年8月	寻找自我闪光点	引导L发现自己的优点,重拾对未来生活的信心	通过在"竹刻"班进行学习,帮助L找寻擅长领域,并意识到自身优势,同时也放松心情
第六阶段	2022年9月	结案	巩固服务成效,引导L重拾对未来生活的希望	总结回顾,巩固服务成效,妥善处理离别情绪

四、介入过程

（一）第一阶段:增强法律意识

第一阶段的介入目标是增强L的法律意识,让她了解触犯法律的后果,从而进行自我反思,预防她再次走上犯罪的道路。社会工作者在接案阶段了解到,L法律意识淡薄,对自己因开设赌场而犯罪至今都无法接受。社会工作者通过谈话引导她充分认识自己行为的违法性,并安排她学习《民法典》和《刑法》中关于赌博、开设赌场罪的相关内容,还陪同L观看了法治教育宣传片、警示片,并做出讲解。通过鲜活的事例和真实的案件,帮助L将法律知识内化于心。最后,社会工作者与L交流了学习感悟,并对学习效果进行了评估。

第一阶段的介入基本结束后,社会工作者与服务对象L进行了访谈,部分访谈记录如下:

社会工作者:这两次的学习,你有什么收获吗?

L:唉!之前对法律了解太少,觉得赚钱是最重要的,现在知道遵纪守法才是最基本的。

社会工作者:在日常生活中要经常学习法律,用法律来约束自己的行为,避免自己犯错误。

L:我现在明白了不能触犯法律,这样是对自己的不负责任,也是对家人的不负责任,以后做事情也要替我儿子考虑。

社会工作者:那你有没有信心未来成为一个遵纪守法的好公民?

L:有的有的,毕竟我现在已经知道重要性了。

通过第一阶段的干预,L意识到了法律的约束力与守法的重要性,也充分认识到了自己的错误,并表示以后会经常观看法治节目,多学习法律知识。本阶段的干预达到了预期目标。

(二) 第二阶段:正视当下生活

第二阶段的介入目标是帮助L正视当下生活,树立积极的自我认知。L因"社区矫正对象"的标签而十分自卑,家庭也不能给予足够的情感支持,她曾多次向社会工作者表达对生活绝望的想法。社会工作者对她展开心理辅导,并列举了多个社区矫正对象成功回归社会的案例。这些有同样经历的人的真实故事让L拥有了回归社会的信心,树立起了积极的自我认知。社会工作者用身边可以接触到的事例激励她摆正心态,帮助她转变自卑、封闭、排斥外界的状态,接纳自身,适应并积极参与现实生活。除此之外,社会工作者还邀请L参加社区举办的心理健康讲座,帮助她建立积极正向的价值观。

第二阶段的介入基本结束后,社会工作者与服务对象 L 进行了访谈,部分访谈记录如下:

社会工作者:生活中,我们可能会无意识地犯错,但是犯错后的改正至关重要。我之前和你列举的几位社区矫正对象,他们在犯错之后都能勇敢地面对人生。

L:是的,反正都这样了,世上也没有后悔药啊!我现在要做的是不在乎别人的看法,过好自己的生活。

社会工作者:那你觉得刚才的讲座,老师讲得怎么样?对你有启发吗?

L:有的有的,我觉得很有启发。做人嘛,还是要看开一点,不要硬给自己找难处。

社会工作者:其实别人对服刑人员的评价有时是片面的,但无论过往如何,自己的人生应该由自己定义!你觉得我说得对吗?

L:对,我明白,自己的人生自己定义。接下来我要用实际行动去证明自己是那个好人!通过努力来赢得别人的认可。

社会工作者的耐心开导,让 L 能够正确面对自己"社区矫正对象"的身份,不再纠结于过往,可以摆正心态应对未来的挑战,对社会上的一些歧视现象也可以相对理性地去看待。

(三) 第三阶段:改善家庭关系

第三阶段的介入目标是缓和 L 与家人的关系,让 L 的家人意识到他们的支持和帮助对 L 十分重要。家庭的不和睦是让 L 产生心理负担的一个很重要的因素,帮助她获得家人的支持和关怀,是重新"站起来"的必要条件。因此,社会工作者在此阶段与 L 和她的丈夫以及 L 的公婆分别进行了谈话。

面谈刚开始时,L 与其丈夫都非常沉默,谈话的氛围也比较尴尬。后来,在社会工作者引导下,氛围开始变得和谐。社会工作者与 L 丈夫的部分访谈记录如下:

社会工作者：可以谈谈你们刚认识时的状态吗？

L丈夫：我记得刚认识我老婆那会，觉得她是一个非常善良的姑娘，也非常通情达理。结婚之后，这么多年来她也为这个家付出了很多，特别是在照顾儿子方面，基本都是她在付出。

社会工作者：那大概是什么阶段开始，你们的感情发生了变化呢？

L丈夫：我老婆犯罪后，性格变了很多，动不动就发脾气，也没有以前的温柔善良了。有时候和她说几句就吵起来了，搞得我心情也不好。

L听了丈夫的话后，意识到了自己的问题，表示"当局者迷，真的不知道自己身上有这么多问题"。谈话即将结束时，L丈夫主动表示以后一定会多和妻子沟通，尽量站在妻子的角度想问题，多承担起家庭责任。L听后也很高兴，表示今后会多站在丈夫的角度去想问题。

几天后，社会工作者与L的公婆进行了面谈，部分访谈记录如下：

社会工作者：你们和儿媳现在的关系怎样？

L婆婆：现在基本上很少说话，因为说几句可能就吵起来了。她回家之后就像变了一个人一样，太敏感了，我不小心说了一句什么话，她就觉得我在嘲讽她。

社会工作者：她经历了这么大的事情，难免会有点多想，希望你们可以多理解她。毕竟是一家人，家庭和睦才是最重要的。

L公公：我觉得你说得挺对的，有时候我老伴和我说她，我就和我老伴说，不要和她计较，都是一家人。

和L的公婆结束面谈后，社会工作者向L传达了公婆对她的关心，并指出了L自身的问题。L表示愿意去改正自己的缺点，主动修复与公婆的关系。此阶段的干预达到了预期目标。

(四) 第四阶段：提升人际交往能力

由于自卑，L总觉得自己"非正常人"，于是与他人保持了距离，将自我封闭起来,不与他人沟通交流。长此以往会导致 L 产生心理问题,因而第四阶段介入的目标是帮助 L 恢复社交能力,让她意识到与他人沟通交流的重要性。

于是,社会工作者鼓励 L 积极投身志愿服务活动,贡献自己的一分力量。起初,L 有所顾忌,觉得自己的特殊身份会被他人瞧不起,也不愿意暴露在大众面前。对此,社会工作者劝慰她:为社会尽一份贡献也是悔改的表现。于是 L 抱着尝试的心态投身志愿服务活动,得到了居民的一致好评。这段时间 L 也获得了能力展示的成就感和与人交流的满足感。

第四阶段的介入基本结束后,社会工作者与服务对象 L 进行了访谈,部分访谈记录如下:

社会工作者:做完志愿者,你有什么感受?

L:还是挺开心的,觉得自己帮助了他们。当他们和我说谢谢的时候,感觉辛苦一点也值了。之后有老人知道是我,还夸我,我都觉得有点不好意思了。

社会工作者:那肯定呀,因为你做的是帮助他们的事,是很有意义的事。

L:我也觉得挺有意义的。

社会工作者:出来做志愿者是不是比整天待在家里好很多?

L:那必须是呀,待在家里真的很郁闷,容易想起以前发生的不好的事情,也没有人可以聊天,出来做志愿者,感觉没有那么郁闷了。

志愿者活动不仅让 L 从郁郁寡欢、浑浑噩噩的居家状态中脱离出来,也帮助她找到了自我价值感,获得了社交的机会,让她体验到与他人互动的幸福感。

(五)第五阶段:寻找自我闪光点

因 L 之前心理压力特别大,不管做什么都觉得自己和别人身份不一样,对生活和工作没有积极性,每次个案辅导时都会向社会工作者透露低落的心情,所以第五阶段的介入目标是帮助 L 找到自己的闪光点,意识到自身的价值,重拾对未来生活的信心。正好这一时期区矫正中心的"竹刻"班开始招生,于是社会工作者第一时间想到了没有工作、空余时间较多的 L,没想到 L 听到"竹刻"二字后想到了自己学生时代的过往。L 在学校曾学过这项传统技艺,也有一定的基础,她由此想到年少单纯时,思想就像竹子一样坚韧有力量,对未来充满希望。在社会工作者的鼓励下,L 同意尝试学习"竹刻"。刚开始,L 根本静不下心来学习,但是在"竹刻"班老师耐心的引导下,她还是坚持了下来。

第五阶段的介入基本结束后,社会工作者与服务对象 L 进行了访谈,部分访谈记录如下:

社会工作者:参加几次"竹刻"学习后,感觉如何?

L:说实话,刚开始还是有些压力的,怕自己做不好,毕竟这么久没有做过了,还好有老师的鼓励,现在慢慢进入状态了。

社会工作者:完成一个作品之后,你的心情是怎样的?

L:当看到第一个作品完成时,这种喜悦的心情是任何事都代替不了的,我感觉自己的努力值了。以前我想的就是如何挣钱,如何缓解生活经济压力,但是学习了"竹刻"之后,我能静下心来想一些问题,"竹刻"也给我带来了快乐。现在我明白,钱是重要的,但不是精彩生活的唯一内容,精神上的丰富比物质上的拥有更重要。

听到 L 说出这样的感悟,社会工作者感到欣慰。每个人都有自己的闪光之处,学会挖掘自己的优势,看到自身的潜能,才能更好地面对未来的生活。

(六)第六阶段:结案

经过前五个阶段的介入,L 有了较好的改变,在结案访谈中社会工作者带领 L 回顾了之前改变,对改变后的成果进行了巩固并且妥善处理了离别情绪。

社会工作者与服务对象 L 的部分访谈记录如下:

社会工作者:经过我们这么多次的交流,你觉得你哪方面的改变最大?

L:我认为还是观念上吧,以前真的觉得自己的日子没盼头了,感觉这辈子就这样了,经过这些时日的交流,以及参加你给我安排的活动,感觉心情愉快了一些,关键还是要自己想开。

社会工作者:你总结得太棒了,我觉得主要还是你自己有改变的意愿,也愿意配合,自身也有能力。

L:我会继续加油的。

访谈中,L 真诚地向社会工作者表示了感谢:"感谢司法所和社工一直以来对我的关心和帮助……我以前因为违法犯罪而被判刑,自己也在深深地反省自己。我以后一定遵纪守法,重新开始生活,给孩子当一个好母亲,努力回报社会……"

服务结束一个月后,社会工作者对 L 进行了回访。L 表示,现在和家人的关系逐渐缓和了,有事情也会和丈夫分享交流,空闲时会参加志愿者活动来丰富自己的日常生活,偶尔和朋友出来聚会、逛街。通过回访,社会工作者发现,L 在生活上确实有了实质性的改变。社会工作者鼓励 L 保持现有状态,学会调节情绪,积极面对未来可能出现的问题,并告诉她在出现问题时依然可以向专业社会工作机构求助。L 表示认同。

五、总结评估

(一) 效果评估

如今,L 已经有了比较固定的工作。虽然上班很辛苦,但是想到孩子成长需要有好的物质条件,她就有了打拼下去的动力。她在"竹刻"班的学习也在继续,这种学习有助于巩固矫正效果,同时营造学习的氛围。这段时间,L 变得更加懂得感恩和珍惜,不仅家人感受到了她的变化,身边的朋友、同事也都觉得她更加热爱生活了,愿意尝试新的事物,一切都在慢慢变得好起来。

L的丈夫表示:"我老婆现在确实有改变,之前总是待着家里唉声叹气,现在则会还出去走走,偶尔和邻居唠嗑,我觉得这样挺好的。"L的婆婆说:"我儿媳呀,之前刚回来的时候确实很少和我交流,有时候也会闹得不愉快,但最近会主动和我讲话,还给我买吃的。一家人嘛,就应该和和气气的。"

L自己也意识到改变不良状态的重要性,她表示:"我确实不能那么颓废了,浑浑噩噩的过一辈子也是过,好好生活也是过,那我也应该为了我的儿子好好生活。""我现在也找之前的朋友聊聊天,偶尔出来聚聚,其实她们还是愿意和我相处的,之前可能想得太多了。"

(二)过程评估

在个案工作中,社会工作者与服务对象建立良好的专业关系是提供专业服务的第一步。社会工作者在与L第一次会面时运用了支持性与引领性技巧,这让L感受到被尊重、被理解、被接受,加强了对社会工作者的信任,顺利地建立了良好的专业服务关系。正式介入时,社会工作者将介入分为五个阶段进行,第一阶段是帮助L增强法律意识,由内在改变影响外在表现,让她做一位遵纪守法的好公民。第二阶段是帮助L正视当下生活,不再陷于曾经经历服刑的痛苦中。第三阶段是从L的家人入手,帮助L协调家庭关系,使她的家人意识到家庭支持是一种重要精神支柱。第四阶段是通过志愿者活动帮助L恢复社交功能,改变她自我封闭的状态,同时也通过志愿者活动提升她的自我价值感。第五阶段是从L的擅长之处入手,通过学习"竹刻"发现自我闪光点,增加对于自身能力的肯定,重拾对未来生活的信心。社会工作者在本案例中,充分运用社会工作的专业价值理念、方法和技巧帮助服务对象突破所处困境,基本达成了预期目标。

六、专业反思

第一,从 L 的个案看,每个人都想在生活的方方面面得到别人的认同,犯过错误的人更是如此。他们想重新被社会接受,但往往事与愿违,甚至家中的亲人都常常会用异样的目光看待他们。于是,他们变得自卑、抑郁和焦虑,越来越不能正确地看待自己。社会工作者在对待这种有认知偏差的对象时,要及时发现他们身上的闪光点,帮助他们改变认知,重拾信心,不能让他们在非理性思想的错误引导下放弃自己。

第二,在个案跟进的过程中社会工作者始终试着实践"助人自助"的专业精髓,通过引导、澄清、鼓励、挖掘优势、技巧训练等方法提升服务对象自己发现问题、抓住源头、解决问题的能力,这有助于服务对象学会解决困难的方法。另外,社会工作者还多次使用启发式的问题引导服务对象看清解决问题的切入点,这能够帮助服务对象看到改变的希望。

第三,艺术治疗将艺术创造作为表达内心情感的媒介。在完成一件可观赏的"竹刻"作品的过程中,服务对象不仅能体会到作品中包含的超逸高洁的人文品格,还能磨炼性情、陶冶情操。经过"竹刻"学习,L 在自我认知、人格完善和操守保持等方面大有收获。同时,辛苦习艺做出的作品能够被他人认可,自己的才华和价值被承认,也让她对未来更有信心。

第四,紧扣女性服务对象的特性,侧重心理矫治。针对女性服务对象,要注意耐心谨慎,因为女性在犯罪后的情绪往往更加敏感。此外,这类个案辅导对象还要接受心理测评,以判断她们的心理状态和社会危险性。而服务过程更要以排解宣泄为主,消除服务对象对家庭和子女的负罪感,及时引导她们通过健康合法的途径发泄情绪。

(作者:浦薇薇)

一位高校教授的惨痛教训
——心理社会治疗理论的运用

一、案例背景

（一）案情介绍

C，女，2022年1月因非法吸收公众存款罪被判处有期徒刑2年，缓刑2年。

2014年，C成立某财富管理有限公司，后设立许多分支机构，在未经金融主管部门许可的情况下，以承诺年化收益8%—14%不等的高额利息为诱饵，通过媒体广告、拨打电话、口口相传等方式销售各类理财产品，非法吸收资金。

2015年至2019年，C等人在担任分公司业务员期间，采用上述方式非法吸收资金。经审计，C非法吸收公众资金四千余万元人民币，获得工资、佣金两百余万元人民币。C等人经公安机关电话通知后主动到案，并如实供述上述事实。

（二）建立关系

在对C有了初步的了解后，社会工作者就开始准备与C进行第一次面谈，并且希望以此建立起良好的专业关系。社会工作者在面谈前拟定了具体的访谈提纲，主要涉及自我介绍、谈话目的的说明、机构性质的介绍、伦理原则的介绍以及了解C的主要困惑。为了与C更好地互动，在建立关系时社会工作者把C的利益置于首位，深入了解了C的一些特点，让她觉得社会工作者是来帮助自己的，真正地接受社会工作者。在建立关系时，社会工作者还重点了解了C对社区矫正的看法，以便明确在接下来的社区矫正期间应当采取怎样的措施。

以下是第一次面谈时的部分交流内容记录：

（按照约定，C来到社会工作者站点）

社会工作者：你好！我是与你对接的矫正社会工作者，我对你的事情有一定的了解，愿意为你解决困难，你有什么心里话或者困难都可以和我讲，我们是绝对保密的。

C：嗯，你也知道我的情况。这个事情让我很烦，我感觉都是按照正常的程序做事，怎么就成了罪犯呢？这就像一场梦，太突然了，太莫名其妙了。

社会工作者：听下来你对法院的判决是有想法的，是没办法才接受的。

C：是的，我认为自己犯罪的很大部分原因是国家政策。的确，我自己有责任，但也有一定的客观原因，而且我到案后已退赔了不法收入，也受到了经济处罚，但还要被判刑，有点想不通。

初次交流主要为了缩短与服务对象的心理距离，建立信任。因此，第一次面谈中，社会工作者一直在仔细倾听，并从中收集到了很有价值的信息。但社会工作者并没有急着跟C进行讨论，只是让C知道，自己对她的感觉和想法很感兴趣，愿意和她做进一步的探讨。

二、问题分析

初次访谈时，社会工作者发现C有顾虑。之后，通过循序渐进的对话，她的顾虑逐渐消除，最终愿意打开心扉，厘清自己的思路，进一步配合开展工作。心理社会理论认为，"人在情境中"，求助者的问题是多方面综合作用的结果。按照这一思路,社会工作者从以下几个方面分析了服务对象存在的问题。

(一)个人系统方面的分析

1. 生理功能

C身体状况良好,无精神疾病、慢性疾病和遗传性疾病。

2. 心理方面

C入矫时经SCL-90测试量表测试,存在焦虑、失眠、社会退缩等问题。原因主要是C是一名副教授,曾有优越的家境、丰厚的个人收入以及在教师行业的良好声誉。从受人仰慕和尊敬的高校教师,一夜间成为受人管教的社区矫正对象,这种落差让她有了巨大的心理压力。再加上,C了解到她的罪错可能会对女儿的发展产生不良影响,这让她更加惴惴不安。

3. 自我认知

C虽学历较高,但对此次犯罪认识不够,认为自己犯罪很大程度上是因为国家政策,自己只是想投入一定资金获取高利息,主观上没有违法犯罪意愿,自己也是受害者,因而感到冤屈。虽然C勉强接受判决,但内心多有怨言,存在认识偏差。

(二)家庭系统方面的分析

C和曾是大学同学的丈夫有不错的感情基础。C丈夫的工作单位和收入都很稳定,女儿聪慧伶俐,一家人的生活本来风平浪静。但自从C在朋友的怂恿下开始兼职做融资,一切都发生了改变。C不听父母和丈夫的规劝,把多年的银行存款,商品房、门面房的全部房款都投入了融资公司,最终不仅搭进了家庭全部的积蓄,还被判刑。为减轻罪刑,年迈的父母和公婆不得不替她还债,一家人的生活水平迅速下降。C直至最后还幻想着公司在清算账务后能够偿还债务。C丈夫则对C失望至极,夫妻关系严重受损。从小到大与C关系一般的女儿对母亲的一意孤行更是心生抱怨。C的家庭支持系统出现问题,需要修复家庭功能。

(三) 社会系统方面的分析

非法集资人员通常从自己的亲戚朋友入手,进行集资,C 也不例外。公司资金链断裂后,很多客户无法从公司追回自己的钱,就找 C 讨要。亲朋好友的态度发生了明显的变化,由原来的仰慕、信任转为冷漠、厌恶甚至是仇恨,C 的社会关系严重受损;C 自己也尽可能减少与他人的交往,一定程度上出现了行为退缩。

三、服务计划

(一) 目标与理论基础

1. 长期目标

加强心理建设,提高法治意识,增强家庭支持,争取社会资源,促进社会适应。

2. 短期目标

(1) 缓解心理压力,给予心理支持,纠正认知偏差。

(2) 加强法律学习,增强对法律的敬畏感。

(3) 缓解紧张的家庭关系,修复家庭支持功能。

(4) 了解社会交往,促进社会融入。

3. 理论基础

根据具体目标以及 C 的实际情况,社会工作者决定采用心理社会治疗模式。作为个案工作的基本模式之一,心理社会治疗模式也是社会工作最基本的分析模式。在个案工作中,心理社会治疗模式注重把心理因素和社会因素结合起来以帮助求助者,强调人类的双重需求(生理需求和心理需求)以及个人心理层面和社会层面的整合力量,其理论依据是人的成长与发展受到生理、心理及社会三方面因素的影响,三者还会交叉产生影响。

换句话说,心理社会治疗模式兼顾一个人成长过程中的生理、心理、社会因素及它们之间的相互作用。这种治疗模式的主要目标是促成人的健全成长,增加获取心理与社会相适应的途径。其理论假设包括:

(1) 关于人的基本假设。第一,人的行为受到生理、心理和社会多重因素的共同影响;第二,人的行为是可以认知的,也是可以被改变的;第三,人的早年生活经验会对现在或未来生活产生重要影响;第四,人的行为是可以被预测的。

(2) 行为分析的基本原则。第一,人的当前行为往往受到早年生活经验的潜在影响;第二,当前社会环境的不适会引发服务对象的行为问题;第三,人的行为出现问题是因为人格结构出现了内在问题。

(3) 关于治疗过程的价值取向。第一,每个人都是有价值的,因而要充分尊重服务对象、接纳服务对象;第二,应该承认服务对象的需要,并以服务对象为中心;第三,应该承认服务对象有自决的权利,引导服务对象自我成长;第四,应该鼓励并协助服务对象通过改变环境来改变自我;第五,应该尊重服务对象的差异性,强调个体化治疗。

(二) 介入策略概述

第一,分析问题行为,加强情绪辅导,重建心理秩序,给予行为指引,提供心理支持。

第二,加强法律教育,提高法治意识,懂得用法律约束自己和处理问题。

第三,增强家庭与社会支持系统,促进社会交往,形成符合社会道德规范的生活方式。

(三) 介入步骤

根据目标与介入策略,社会工作者为 C 设计了服务内容,具体步骤如表 6-1 所示。

表 6-1　C 的个案工作介入步骤表

服务阶段	介入主题	具体内容	参与人员	预期目标
第一阶段	掌握心理动态，开展心理疏导，减轻心理压力，建立良好的心理秩序	1. 进行个别访谈，让服务对象不要过分在意别人的眼光，尝试活出自己 2. 进行个别心理访谈，引导服务对象改变看待问题的角度和想法 3. 邀请服务对象参加线上心理健康讲座，通过分析讲座内容，引导她保持良好的心理状态，正确面对挫折与困难	社会工作者、服务对象、心理咨询师	1. 能够尝试不活在别人的眼光下 2. 形成积极的思维方式 3. 增强心理调适能力，掌握自我
第二阶段	分类、分级、分阶段管理，加强对法律的理解，懂得用法律约束自己和处理问题	1. 根据分级管理的工作要求，通过对违法案例的分析，增强服务对象的法治意识和社会责任感 2. 根据服务对象的犯罪情况开展分类教育，帮助她认识非法吸收公众存款罪及其社会危害性 3. 根据分阶段管理要求，结合服务对象在矫正中期的实际情况，开展新型典型诈骗宣传教育 4. 开展《民法典》宣传教育，增强服务对象的法治意识	社会工作者、服务对象、司法所专职干部	1. 能够知法懂法，增强法治意识和在刑意识 2. 激发改变的愿望和决心 3. 提高防骗识骗的能力，提高自我保护意识

(续表)

服务阶段	介入主题	具体内容	参与人员	预期目标
第三阶段和第四阶段	增强家庭与社会支持系统，促进社会交往，形成符合社会道德规范的生活方式	1. 了解服务对象与其家庭成员的关系，帮助他们进行良性沟通，加强感情融和，共同面对当前状况 2. 向服务对象推荐家庭教育类书籍，并在同服务对象探讨的过程中进行教育引导 3. 鼓励服务对象改善家庭关系，肯定她在志愿服务中的良好表现，提高其主动融入社会的信心	社会工作者、服务对象、司法专职干部	1. 增强家庭和社会责任感 2. 能够反思并加以改变 3. 增强社会适应能力，形成符合社会道德规范的生活方式

四、实施过程

通过之前的建立关系，调查、分析与诊断，以及设定目标，社会工作者做好了使用心理社会治疗模式进行介入的前期准备。正式治疗服务分为四个阶段进行：

（一）第一阶段

此阶段共进行了三次谈话。心理社会治疗初期主要是让服务对象认识到自身存在的偏差行为会对现实生活产生不良影响。具体到C，就是让她意识到自己的错误认知增加了她的心理负担，因此出现了种种心理不适的症状。社会工作者在此阶段需要重点解决C的心理问题，尝试指出C的内心症结所在，帮助她重建良好的心理秩序。

1. 第一次访谈

社会工作者与C第一次谈话时的部分内容如下：

C: 我一开始对这次犯罪的认识不够,刚刚进行社区矫正时,虽然表示认罪,但内心一直在想我所在的融资公司曾被媒体报道宣传,这么多年也一直收益稳定……所以认为是国家政策的原因才导致公司倒闭。

社会工作者: 所以你一开始对社区矫正有抵触心理。

C: 是的,案发后我心情一直不好。我受过高等教育,案发前是成人大学的教师,已经被评为副教授,学生来自各行各业。我的英语专业能力得到学员、领导、同事的一致认可,受人尊敬,在工作和生活中自带优越感,甚至有点心高气傲。但案发后我的工作受到了直接影响,为避免被单位开除的严重后果,我不得不主动离职,多年辛苦努力换来的荣誉、丰厚待遇、社会地位一夜间化为乌有。我的自信心受挫,对未来感到迷茫,也不想和别人多接触,害怕别人异样的眼光,无颜见家人、亲戚、朋友。

社会工作者: 你觉得与以前的风光相比,现在有点落魄,心理落差很大。

C: 是的。另外我了解到自己的犯罪行为还会对我马上大学毕业踏入社会寻找工作的女儿有不利影响,所以更加内疚自责,心理压力很大,整晚睡不着。

(助人自助的理念要求社会工作者在介入的过程中起到引导作用。只有C自己认识到自己在哪些方面存在问题,而不是社会工作者告诉C所存在的问题,才能激发她做出转变。)

社会工作者: 我很理解你作为母亲的心情。每个人在困境面前都有彷徨无助的时候,这很正常。但当你明白这些已是无法改变的事实时,唯一能做的也许只有调整自己,去面对、接受、应对这些现实情况,你说呢?

(社会工作者采取直接治疗的方法,运用评论、发问等反思性治疗技术鼓励C进行自我反省。)

C: 似乎除了这样做,我无法改变眼前的状况。

社会工作者：好的,既然你意识到了这一点,那么与其杞人忧天、郁郁寡欢,不如让自己放下这些沉重的负担,不管别人怎么看待自己,先过好当下,努力让自己比当前过得好一点。即使这种好,在以往看来微不足道,但说不定在目前状况下就是一个新的开始呢?

C：虽然我不敢肯定自己能做哪些,但既然现在已经是人生的最低谷了,那么我就试试看?

社会工作者：好的,我会陪着你,给你必要的支持。

社会工作者在充分尊重、接纳 C 的基础上,尝试理解她在此阶段的复杂心情,引导她了解自己当前的不良心理状态,帮助她懂得每个人在困境面前都可能彷徨无助,唯一能做的只有接受、面对。社会工作者进一步引导 C 积极向前看,改变她的认知,帮助她成长。

2. 第二次访谈

一个月后再次面谈时,C 表示心里"敞亮"多了。社会工作者的话让她有了反思:再纠结于过往的荣耀与风光,已毫无意义,患得患失不利于身心健康,会让自己陷入恶性循环的境地,当前能做的只有凭借自己的力量弥补过往的错误。

社会工作者：我很高兴你开始发生转变。你之前有那些想法,会不会是因为你内心不认错呢?

C：这个我倒是没想过……

心理社会治疗强调协助服务对象把生活适应上的一些问题与行为中的偏差倾向联系起来,以发觉不良行为的症结所在。服务对象在初期往往不易从自我认知的过程中觉察不良行为,因此社会工作者应以委婉的方式向服务对象指明其偏差倾向。只有当服务对象了解到自己的偏差行为会对现实生活的适应产生不良影响时,才会产生改变的想法,并做出行动。

社会工作者：那让我们一起来分析分析吧。你之前所在的公司借助电视媒体、亲友推荐和线下门店等方式进行宣传，以高额利息为诱饵向公众销售理财产品，大量吸纳民众资金，你就没有一点疑虑吗？

C：说实话，一开始会因为利率过高而有疑问，再加上我有稳定的工作，单位领导对我很器重，我没必要蹚这个浑水，但是后来我家人的一个好朋友到这个公司做了总监，他在外的口碑很好，多次来我家，给我介绍这个公司的发展前景和收益，碍于情面我和父母都存了点钱进去，之后也如合同所约获得了回报。

…………

社会工作者：对于你说自己也是受害者，这一点我表示认同，因为这个事情的确是害人害己。不仅你的亲戚朋友、客户、邻居都血本无归，你自己的家庭也陷入了经济困境。但国家对于非法集资等行为，一直是打击的，只是你所在的公司偷换概念，钻了法律的空子。你想想是不是这样？

C：是的，公司一直对外宣传是得到国家审批的，还邀请了一些社会名人做舆论宣传，这让我们都信以为真，拼命为公司吸纳民众的资金。现在想想真是悔不当初啊，是自己太愚昧无知了，明明知道法律有规定最高利率，却偏偏"钻"了进去，害人害己，说到底还是一个"贪"字啊。

社会工作者：我很高兴你想通了这些道理，从内心接受了自己的错误。这很不容易，但一旦做到了，你反而会释然许多。

C：你说得有道理，可惜我当时陷得太深了，看不清事实。

社会工作者运用同理的技巧，对C的想法表示理解与赞同。现在的C比较自卑，需要来自他人的鼓励和认可，哪怕是对她想法的一些褒奖都可以帮助她重新树立自信心。社会工作者对C的转变给予鼓励，并引导她意识到：之前有那些想法的真正原因是内心不认错。之后，又带领C对不良情绪反应进行了探索，让她认识到了自己犯罪的根源，从内心接受自己的错误。

3. 第三次访谈

多次个别心理辅导后,社会工作者邀请C参加线上心理健康讲座。以下是讲座后社会工作者和C的部分谈话记录:

> **社会工作者**:看来你对这堂课感触很深。
>
> **C**:讲座中提到,如果属于"恐慌"易感人群,要适当与网络进行"隔离",主动隔离过多的不当信息。如果出现恐惧、无助、空虚、迟钝麻木、睡眠恶化等问题,并持续超过2周,应当寻求专业的心理援助。
>
> **社会工作者**:是的,讲座提供了心理援助的联系方式,希望对你有用,当然也可以寻求我们社会工作者的帮助。
>
> **C**:最近这段时间的经历给"珍惜当下"这几个字赋予了更深刻的内涵,以前我很多想不通、放不下的,如今都可以释怀了。
>
> **社会工作者**:我很高兴看到你正在发生良好的变化,希望能看到你更多令人惊喜的改变。

C觉得此次学习活动及时且必要,活动所普及的心理知识可以帮助她减少心理不适并产生诸多反思。

(二)第二阶段

心理社会治疗模式的第二个阶段主要是协助服务对象觉察并认清在生活适应方面的各种"本我"和"超我"的不满足与满足的感受。这有助于服务对象了解其失去正常能力的行为形态的动力因素所在,并进一步分辨主观感受和客观事实。这样,服务对象就会产生对现实的意识感受、对理智的认识和情绪上的体验,逐步增强改变的动机。本阶段旨在通过分类、分级、分阶段管理的方式深化C对法律的理解,让她以法律为标准进行自我约束和处理问题,意识到法律知识的欠缺和法律意识的淡薄是她犯罪的根源,并由此加深对法律的认识,增强对法律的敬畏之心。这一阶段社会工作者与C又进行了多次访谈。

1. 第一次访谈

根据 C 的现实表现情况，镇司法所将她列入二级管理名单。对此，社会工作者向 C 进行了详细说明，并通过谈话加深了她对法律的认识，增强了她的在刑意识。社会工作者还与 C 交流了几起被通报的违法犯罪典型案例。访谈中，社会工作者通过提出建议和忠告的方式帮助 C 增强法律意识。

2. 第二次访谈

为了加强 C 对非法吸收公众存款罪的认识，社会工作者在进行个别访谈时就这种破坏国家金融管理秩序的行为与她进行了探讨。以下是访谈的部分记录：

> 社会工作者：你对于非法吸收公众存款罪是怎么理解的？
>
> C：我之前不懂，后来有点了解了，但也不是很理解。
>
> 社会工作者：非法吸收公众存款不仅会造成银行储蓄总资金的减损，还可能间接影响利率，扰乱整个行业秩序。而且非法经营存贷款业务有很高的风险，一旦造成损失，不仅影响出资人利益，还可能引起一定范围内的社会动荡。
>
> C：是吗？这个我不太懂，也没想到有这么大的危害。
>
> ……
>
> C：通过今天的谈话，我更加深刻地了解了非法吸收公众存款罪以及它的社会危害性。今后我一定加强对法律的学习，不断提高法治意识，以实际行动认罪悔罪。

3. 第三次访谈

进行这次访谈时，C 已从初期矫正阶段进入中期矫正阶段，需要加强法治教育。社会工作者便以新型电信诈骗案件为例，向 C 做宣传教育。以下是访谈时的部分记录：

社会工作者：你有没有听说最近发生的电信诈骗案件？

C：这个我没关心过，但你说了我就想了解一下。

社会工作者：具体有几种需要注意的……（具体宣教内容省略）

C：今天真是受益匪浅，原来诈骗分子的手段也在升级，我需要加强这方面的学习。

4. 第四次访谈

在之前的访谈过程中，社会工作者发现 C 对《民法典》知之甚少，而诸多民生问题又与《民法典》息息相关，因此社会工作者利用与 C 访谈的机会，向给她讲解了《民法典》的部分具体内容。C 表示对这部法律很感兴趣，会去认真学习相关内容。社会工作者对此表示肯定，并与她约定之后交流心得体会。

(三) 第三阶段

心理社会治疗模式不仅要求社会工作者研究服务对象个人，还要求从家庭、社会环境中去理解他，非常看重环境因素的影响。因此，第三阶段着重改善 C 的家庭与社会支持系统，帮助她连接早年的情绪（不良）经验和当前的行为表现，尤其是过去情绪及生活经验对目前行为的不良影响，促使她思考过去经历对自身行为的束缚，然后通过反复的练习妥善控制影响当前行为的不良情绪。

本阶段采用间接治疗，即不直接对服务对象本人进行治疗，而是通过改变服务对象生活的环境，达到治疗效果。间接治疗除了涉及服务对象和社会工作者外，还与服务对象的重要他人有关。

1. 社会工作者与 C 关于其父亲的访谈

刚进行社区矫正时，C 在登记家庭成员情况时只登记了她父母的个人信息，在社会工作者的要求下，C 又补充登记了其前夫和女儿的信息，当问起当下对于她来说最重要的关系人是谁时，C 果断地回答"是父母"。据此推断，C 的父母能为她提供一定程度的心理支持。

C：父亲是法律工作者，德高望重。我一开始进入这个融资公司时他就极力反对，认为天下没有这么好的事情，同样的资金在这个公司回报这么高，超出常理。但是后来看到该公司所承诺的高回报的确每月按时到账，且他很多熟悉的在社会上有头有脸的人也都陆续在该公司投入资金，甚至成为公司的业务员，他开始慢慢相信这可能是时代发展变化的结果，甚至也愿意把多年的积蓄交给我打理，但最后血本无归。这个结果应验了社会上流传的一句话：你想要它的利息，它却想要你的本金。

为此C的父母心痛不已，但也只能无奈接受。经济上的赔偿确实让C的父亲心痛懊悔，但最让他无法接受的是女儿还需要承担刑事责任。他做了一辈子法律工作，对违法犯罪深恶痛绝，做梦也没想到自己的女儿有一天会成为罪犯。于是，C的父亲倾其所有，还低价出售了一套房子积极为女儿赔偿和交付罚金，只为减轻处罚，获得缓刑的机会。

虽然父亲为女儿做了这些，但看着自己一手培养的、引以为傲的女儿变成这样——家庭经济受到重创、丢失工作、婚姻危机、政治污点、名誉受损——他感到颜面扫地，难免责怪女儿当初的固执己见、不听劝告。由于心结无法解开，C原来开朗乐观的父亲变得郁郁寡欢，整日闷在家中不愿出门。

C：父亲对我明显疏远了，很少和我说话，即使我主动上门看望，父亲也爱理不理的，对我的态度与以前相比有很大不同，父亲虽然嘴上不说，但内心肯定对我有怨言。我非常愧疚，感觉对不起父亲，但苦于无法改变现状，一直回避与父亲的交流，与父亲的关系明显疏远了。

社会工作者：我明白了你的想法，但是你父亲知道你现在的想法吗？他又是怎样想的，你了解过吗？或许你们之间缺少交流。

C：我想是的。

心理社会治疗模式认为，每个人都是生活在特定环境中的，人们的行为往往受到环境的深刻影响,因此我们可以暂时转换角度,对服务对象的生活环境进行改变,然后通过环境的改变促成服务对象的改变。在间接治疗中,社会工作者所担当的任务和扮演的角色与常规情形有所不同。大致来说,在环境改变的过程中,社会工作者扮演的角色主要有以下几种:资源寻找者、资源提供者、资源创造者、信息传译者、服务对象中间人、服务对象保护人等。

在与社会工作者的面谈中,C每每提到父亲就流泪不止,她为自己的错误让父亲颜面扫地而羞愧,但如今除了逃避,她不知道怎么和父亲开口,让父亲原谅她的错误。社会工作者安静地倾听C的诉说,让她充分宣泄内心的负面情绪,鼓励她与家庭中的其他重要人员一起和父亲沟通,把内心的懊悔和对父亲的愧疚表达出来。

此次谈话后,C在母亲的陪同下与父亲进行了一次深入的谈话,向父亲真诚地表达了内心的想法,并在父亲节那天和自己的女儿一起前往父母家中。社会工作者对C的努力给予了充分的肯定,并鼓励她好好规划今后的人生。

2. 社会工作者与C关于其前夫及女儿的访谈

社会工作者:今天聊聊你的家庭情况。入矫宣告那天,在登记家庭成员情况时,你一开始没有填写丈夫和女儿的信息,只是登记了你父母的信息,还说你目前生活中最亲近的人是你的父母,这是有什么原因吗?

C:是的,当时我有顾虑,现在我也不怕你知道,我其实与我的丈夫已经办理了离婚手续,但外人都不知道。

…………

C:我丈夫是个不善言辞的人,但他一直对我很好,所以我内心对他更愧疚,尤其是我当时鬼迷心窍地偷偷卖了一套房子。

社会工作者:嗯嗯。不过,你出售房屋不需要他签字吗?

C:购买这套房子时我们说好房产证上只写我的名字,因此出售时就不用他签字。我辜负了他的信任。我知道他肯定是反对卖房的,但当时已经听不进任何人的意见了,真的是鬼迷心窍。还好之后我积极寻求我丈夫的谅解,现在他现在已经原谅我了,毕竟我的初心是想改善家庭经济情况。

C虽然已办理了离婚手续,但与前夫依然有不错的感情关系,前夫也可以给C提供情感支持。但C与女儿关系紧张,意见分歧较大。

社会工作者:你与女儿的关系怎么样?

C:我女儿目前在大学读书,她从小与爸爸的关系较好,与我沟通较少,特别是在毕业后的择业问题上与我分歧很大,几次都闹得很不愉快。主要是我认为她三心二意的,面试了很多地方,却目标不清晰,但我又说不清楚这个道理,说服不了她。

从谈话内容看,C迫切希望改变现状,有改变的意愿,也有改变的能力。她逐渐明白社会工作者是在帮助他们一家人解决问题,能够意识到需要自己主动改变。这一阶段,C由最初的消极、悲观逐渐变得积极,矫正参与度较好。

(四)第四阶段

经过前几个阶段的介入,C已经能够妥善运用所获得的支持。比如,她已经可以对目前各方面的行为进行有效支配、对可预见的未来生活情境加以预估和控制,自身也有面对生活逆境的能力,能够发挥潜能。本阶段将继续协助服务对象改变家庭关系以获得支持。此外,还将鼓励她融入社区,以完善社会支持系统。

以下是社会工作者与C关于家庭关系变化的部分访谈内容:

社会工作者:你母亲恢复得怎么样?

C:我母亲骨质疏松严重,因此按照医生的建议至少要卧床休养一个月。

社会工作者：那这段时间你和父母的关系有什么新的变化吗？

C：我觉得和父亲之间的关系得到了改善。也许因祸得福吧，在共同照顾母亲的这段时间，我又与父亲促膝谈心了一次，取得了他的谅解。父亲说，其实他的内心早就谅解了，更心痛的是我失去了之前奋斗来的一切。

社会工作者：这是他的心里话。

C：是的，但是我告诉他在这个艰难的时刻，我更需要家人的理解与支持，这是我努力调整心态的原动力。父亲说，让这一切都过去吧，生活还是要继续的。

社会工作者：你父亲的话实在又中肯，那你接下来有什么打算呢？

C：这段时间我会先和父亲一起照顾好母亲，再找机会加深与女儿的感情。

社会工作者：听说你多次与女儿进行谈话，经过这些沟通，和她的关系有变化吗？

C：有变化的，女儿愿意和我多沟通了，虽然有时候我还会冒出一些不合适的观念，但我时常提醒自己注意。

社会工作者：这已经很好了，肯定有一个过程的，那女儿有什么变化？

C：女儿和我说话多了，最近还经常说起毕业实习期间发生的一些趣事，有些事情还会和我商量，会听取我的意见了。有时候还会和我粘在一起，这让我很满足。女儿说等她拿到实习工资，要给我买一件礼物，我很开心。

家庭给予的温暖，让C得到了精神上的支持，获得了被重视的感觉和主动成长的动力。现在C会主动给予家庭成员关爱，家庭成员间的关系变得更为融洽。之后，C也找到了新工作，增加了家庭经济收入，提高了自身适应力。

社会工作者：你的工作怎么样？

C：我现在有比较稳定的收入，当然和以前的收入是完全不能比的，但我也很满足了。我想这也许就是我应该有的生活。

社会工作者：我看到了你一路的成长，为你点赞。

除了家庭支持外，积极参与志愿活动也有助于个人形成积极健康的生活态度，并帮助创造相互支持的社区氛围，营造睦邻友好的社区环境，促进社会和谐稳定。因此，在干预服务后期，社会工作者发挥联动作用，引导 C 参与帮扶救助志愿工作，进一步挖掘她的潜能，同样取得了良好的效果。

心理社会治疗模式是对传统诊断疗法的彻底否定，即努力发展非诊断性的方法，不贴标签，不去挖掘患者生活中的"真实"，而是帮助人们通过新的生活方式，创造新的情绪。心理社会治疗模式致力于帮助服务对象寻找错误行为的动力原因。该模式坚信，个体的当下行为主要是受到早年生活经验的影响。因此，社会工作者在运用该模式时，需要帮助服务对象对其行为背后的原因甚至早年的生活经验进行深度反思，最终寻找到偏差行为产生的内在原因。此外，行为的深层原因其实也是人格本身的反映。服务对象从对行为的认知深化到对行为背后人格的反思，是他能够真正解决问题的根本。弗洛伊德的人格结构理论也是心理社会治疗模式的支持理论。

五、总结评估

（一）效果评估

1. 心理测评结果前测后测对比

介入服务前后，社会工作者用 SCL-90 测试量表对 C 进行了测试。测评总分在 129 分以下为正常；129 分—168 分为轻微心理问题；168 分以上为存在心理障碍。C 两次测评分数分别是 147 分和 128 分，可以看出 C 由存在轻微心理问题转为正常，其中，明显出现好转的条目有：（1）条目 28：感到难以完成任务；（2）条目 44：难以入睡；（3）条目 50：因害怕而避开某些东西、场合或活动;(4)条目66:睡得不够深。

条目28和条目50均由原本的"中等"降为"没有",说明介入后C的心理状态发生了明显改变。同时,条目44和条目66由原本的"较重"降到"较轻",可见C的睡眠问题有所缓解。通过介入,C已经能够尝试用新的角度看待问题,进行自我调节,维护自己的心理状态。C学会了不过分在意别人的眼光,形成了积极的思维方式。

2. 家庭社会关系评估

本案例服务对象C所犯为经济类犯罪。经过帮教服务C在认知行为、法治观念、社会适应方面都有了明显的转变,对自己的罪错有了正确的认识,意识到法律知识的缺乏和法律意识的淡薄是自己犯罪的根源。介入服务加深了她对法律的认识,增强了她对法律的敬畏之心。经过介入,C开始客观评价自我,反思自己过往的不良家庭沟通方式,懂得了家庭的重要性。现在,C已经能够正视过去和应对未来,形成了符合社会道德规范的生活方式。经评估,本案例已基本实现个案服务的工作目标。图6-1为社会工作介入前后C的家庭结构图。

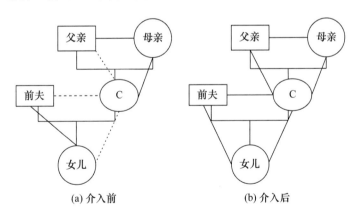

图6-1 介入前后C的家庭结构图

(二)过程评估

第一阶段中,社会工作者通过对C进行了心理疏导,帮助她尝试用新的角度看待问题,激发她出现改变的想法。

第二阶段中,根据分级、分类管理要求,社会工作者开展了针对性帮教服务,增强了C的法律意识。

第三阶段中,根据分阶段管理要求,社会工作者开展了防范新型典型诈骗教育和《民法典》宣传,帮助C提高了自我保护意识。

第三阶段和第四阶段中,社会工作者通过鼓励C与家人进行良性沟通,增强了C家庭成员之间的感情联结,激发了家庭支持系统的积极作用,可以帮助C更好地适应社会。

六、专业反思

本案例中,社会工作者综合考虑服务对象的心理需求及其所处的家庭、社会环境等多种因素,采用多种方法提供介入服务,帮助服务对象摆脱焦虑情绪,恢复和提高人际沟通能力,并增强了她的法治意识和社会适应能力。同时,社会工作者在服务中还综合运用不同技巧,提高服务效果,肯定服务对象的良好表现,激发她主动融入社会的信心与决心。在此过程中,社会工作者自身的专业能力也得到提高,积累了个案服务的宝贵经验。然而,本案在处理中也存在一些不足,比如未从优势视角挖掘和利用服务对象的自身优势等。另外,社会工作者还应当呼吁全社会关心、关注社区矫正群体,减少偏见;帮助社区矫正对象获得社会政策的支持,解决其生存、就业、医保、落户等方面的实际问题,真正融入社会,开始崭新生活。

(作者:郭　燕)

改变认知化解不良情绪和心理
——认知行为治疗理论的运用

一、案例背景

(一) 案情介绍

F,女,1983年出生,汉族,硕士研究生,已婚。原为上海某金融公司投资部负责人,管理该部门销售、人员招聘等事务。2016年5月起,F及其团队通过客服介绍等方式对外销售理财产品,吸引客户与公司签订基金、债券形式的理财协议,向不特定公众吸收资金,发行理财产品,以高收益、承诺到期兑付本息等为诱惑向社会公众非法募集资金。经司法会计鉴定,F及其团队对外销售债券类理财产品金额共计6.7亿余元,未兑付本金1亿余元;对外销售基金类产品金额共计8.2亿余元,未兑付本金6亿余元。经区人民法院审判,F犯非法吸收公众存款罪,判处有期徒刑6年,并处罚金人民币25万元。因F系怀孕妇女,不宜收监执行,法院决定对其暂予监外执行2年。2021年11月,F被纳入街道接受社区矫正。

(二) 案情自述

F自述在投资公司工作时并未意识到工作存在违法性,作为部门负责人,同时又具有多年的金融行业资历,她做事总是谨小慎微。她所销售的理财产品都是经过自己实地考察资产和查阅建仓审核材料的,自己也投资了近百万元。正是觉得产品好,她才向亲友和之前在银行结识的投资者推荐。怀孕后，F很少去公司坐班和做业务。

法院审判时，F为自己辩护的理由是，自己所做的是合法的经营行为。法院调查后认为，F作为直接责任人员，违反法律规定，非法吸收公众存款，扰乱金融秩序，数额巨大，已构成犯罪。判决后，F认为，事情已经发生了，她只能接受。

（三）家庭背景

F出生在重庆的一个普通家庭，为家中独生女，家庭生活非常融洽。大学毕业后，F至香港大学学习，结识了丈夫C。原本打算留在香港继续生活的F，后跟随丈夫落户上海，两人在上海组建了家庭，之后育有一儿一女。

（四）成长工作经历

F在父母的培养和教育下，从小学习十分刻苦，成绩也非常优异。大学毕业后，F仍坚持知识是创造财富的唯一途径，便在家人的支持下前往香港大学继续研学。F表示，在香港大学学习是自己人生中最有意义的一段经历。那段时期她参加了学生会，跟随多名明星导师学到了很多知识，也开阔了眼界。她当时学习工作非常拼命，尤其是在研究生毕业实习到入职的那段时间，付出了很多的努力。她被安排到香港某集团实习，由于实习生没有工作席位，她每天只能啃着干粮，席地而坐，看到业务员有工作就紧紧跟着，一刻不拉地学习。最后，依靠刻苦勤奋她获得了领导的认可并留用入职。之后慢慢成为公司的资产管理经理，之后又跳槽到了香港某知名集团做资产管理总监。在香港大学学习期间，F结识了丈夫C，C同样依靠自己的努力留在了香港。他们原本打算长期定居香港，但由于C工作发展的需要，F便跟随他来到上海。F来到上海后入职了一家非常有名的金融公司，并在该公司工作了6年，之后就跳槽到了这次出事的公司。

二、问题分析

（一）有法律意识，服法但未认罪

F作为一名经济学方面的硕士研究生，学习过不少法律知识，尤其是经济类法学。她认为自己具有法律意识，也一直是遵纪守法的公民。F曾表示，她不认为自己存在犯罪行为；法院审判时，她与辩护人也提出过所从事的是合法经营的辩词，并表示作为投资负责人，她尽职尽心地实地察看了担保资产和基金的各类审批材料，不然不会让亲友去购买公司的基金产品，并一直认为公司完全有资产可以兑付。但对于法院的判决，F表示自己算是"误入歧途，进错了公司，跟错了老板"，愿意服从法院的判决，可她始终无法接受自己存在过错。

（二）怀有身孕，身体及情绪状态不佳

F因怀有身孕被暂予监外执行，纳入社区矫正。由于她属于高龄孕妇，身体较为虚弱，很多指标都不正常，怀孕期间出现了很多不适，如胸肋骨压迫疼痛、左腿无法站立、多次感冒等。孕期的各种不适再加上被判刑的双重压力，导致F的情绪一直处于低落状态，非常抗拒与他人交流。F表示，自己已经出现一些抑郁的症状，会莫名且不受控制地流泪，对微信聊天反感，晚上失眠。

（三）有家庭支持系统，但难以得到支持

F和丈夫C都是通过人才引进落户的，他们的父母亲都定居在外省市，偶尔会来帮忙，但由于生活上不适应，他们都拒绝与F和C共同生活。C主职是大学讲师，兼职企业律师，工作十分忙碌，经常需要出差，在家的时间非常少，每次回家也都是非常疲惫的状态，因此与F在日常生活中的沟通交流非常少。F经常感到疲惫与无力，但又难以得到家庭的支持。

（四）生活状况改变，心理落差较大

原本 F 的家庭经济状况属于中高层次水平，生活上较为富裕。但由于犯罪的原因，F 的家庭不仅失去了投资的近百万元，还赔偿了 80 余万元，最后 F 还失去了工作。同时，近几年 C 所兼职的工作也不顺利，兼职收入受到了影响。目前，家庭生活基本靠 C 作为大学讲师的工资和一些积蓄维持，刚够日常开销。F 表示自己对丈夫存有歉意，她觉得因为自己的原因才导致家里经济情况变差，也影响了丈夫的工作发展。

（五）受认知及情绪影响，对社区矫正反感

由于 F 始终无法认可自己在单位任职期间的行为是违法的，加上法院判决后她的生活出现了极大的变化，身体、心理及情绪都受到了很大的影响，因此她对社区矫正产生了反感，在被通知入矫宣告时 F 曾表示，身体不适不愿前往；入矫宣告当天，F 不愿与矫正小组成员进行交流，眼神中带有回避。最后，她在丈夫的陪同和劝说下才接受了矫正。

三、服务计划

（一）目标与理论基础

1. 长期目标

（1）帮助 F 认知到自己的罪错，接受社区矫正教育。
（2）改善家庭支持系统，缓解 F 的压力。

2. 短期目标

（1）对 F 存在的问题与需求，以及背景资料进行收集与掌握，建立专业关系。
（2）与 F 讨论案件，并通过举例及对法条的讲解，帮助她改变对罪错

的认知。

(3) 走访 F 的家庭,鼓励其家人多与 F 沟通,改善 F 的家庭支持系统。

(4) 关注 F 的压力问题,找到症结所在,运用认知改变及家庭支持系统帮助 F 疏解压力,积极面对生活。

(5) 帮助 F 了解社区矫正,促使她转变态度,接受社区矫正。

3. 理论基础

认知行为治疗(cognitive behavior therapy,CBT)是旨在改善心理健康的一种心理社会干预。CBT 专注于挑战和改变无助益的认知扭曲(如思想、信念和态度)和行为、改善情绪调节,以及解决当前问题的个人应对策略的发展。它最初被设计用于治疗抑郁症,但目前已扩展到治疗许多心理健康问题。CBT 使用包括基于证据的技术和策略来治疗已被定义为心理病理的许多认知或行为心理。

CBT 基于的是行为心理学和认知心理学基本原理的结合,与心理治疗的传统方法不同。例如,心理分析方法是让治疗师寻找行为背后的潜意识,然后做出诊断。但 CBT 是一种"以问题为中心"和"以行动为中心"的疗法,这意味着它可以被用于治疗与诊断与精神障碍有关的特定问题。治疗师的作用是协助服务对象找到并练习有效的策略,以解决确定的目标并减轻疾病症状。

CBT 主要涉及以下三种方法:

(1) 认知方法:识别个人所存在的情绪,驳斥个人的非理性信念并改变其认知偏差,最终改变个体的内在语言。

(2) 情绪方法:通过角色扮演、羞愧攻击等方法解决情绪问题。

(3) 行为方法:通过家庭作业法、行为实验法等改变个体行为。

社会工作者希望基于认知行为理论中的 ABC 理论框架,运用 CBT 以及行为修正等方法,对 F 及她的家庭系统成员进行辅导,进而帮助 F 逐步了解困惑和问题产生的原因。

(二) 介入策略概述

第一,以案件判决书为初步切入点,了解 F 的基本情况;走访 F 所在的小区,通过邻里了解 F;深入 F 的家庭,通过家庭成员来接触 F,与她初步建立信任关系。

第二,了解 F 的态度,通过回顾案件流程,纠正她的错误认知;通过学习法律知识,深入了解 F 对于罪错的认识。

第三,寻找 F 的不合理信念,缓解她的不良情绪,消除她的负面心理,运用认知及情绪理论帮助她疏解压力。

第四,关注 F 的家庭网络,帮助她构建家庭支持网络,促进家庭互动。

四、介入过程

具体介入分为 4 个阶段进行,包括初始准备阶段、深入了解阶段、实施治疗阶段和评估与结案阶段。

(一) 初始准备阶段

社会工作者在接案环节做了充分的前期准备,分别从三个方面对 F 的个人情况进行了具体了解。

首先,社会工作者从判决书中了解到了 F 的个人基本情况、犯罪情况及对罪错的一些认知。社会工作者发现,F 与一般矫正对象不同,她并未在法院判决时认罪。之后,社会工作者通过走访 F 的邻里了解到,她居住的是高档小区,与丈夫、儿子、公婆,还有一位保姆共同居住。F 待人很和善,话语不多,家庭比较和谐,在小区里没有任何负面信息,平时下午会带着儿子到小区儿童活动区域与其他住户玩耍。邻里对她的印象是:举止行为和思维都比较正常,待人和善,性格上稍许内向。接着,社会工作者又拜访了 F 的家人,她的丈夫告诉社会工作者由于平时工作繁忙,他很难照顾到家人,考虑到 F 现在的身体状况和情绪,他把自己的父母请到家中帮忙照顾F的日常生活,另外还请了住家保姆负责料理家务和看护,希望能够帮助F慢慢调整心情。F的丈夫向社会工作者表示,自己很担心F会因为判刑而情绪崩溃,他们以前都勤奋苦学、踏踏实实地生活与工作,靠自己的努力创造财富,夫妻关系很和谐,两个人的三观也契合,基本上无话不谈。但是现在F因为自责,很少说话,面对孩子也没有以前那样的耐心,他作为丈夫十分心痛。

在大致了解F的基本情况后,社会工作者正式接受了F的案子。在社会工作者看来,面对身心和情绪存在的问题,需要有人帮助F找到不合理的信念,引导她重新看待自己的选择,纠正错误的思维方式。于是,社会工作者开始尝试与F联系,以便确定初次见面的时间和地点。考虑到F近期一直待在家里,不愿与陌生人交流,社会工作者决定第一次访谈在F的家中进行。电话中,社会工作者小心地征询了F的意见。起初,F表现出了明显的排斥,但在社会工作者积极与F的丈夫沟通并获得了他的大力支持和帮助后,F表示愿意和社会工作者对话,并同意在一个周末的晚上在家中进行第一次见面。回忆F在电话中的语言表现,社会工作者认为,想要和她顺利建立起专业关系,还需要花费一定的时间和努力。

接着,社会工作者开始拟定初次见面时的谈话提纲,以便让谈话达到需要的效果。考虑到F本身存在一定的消极情绪,以及对社会工作者来说陌生的环境,为了能够保持专业性,并从内容安排、时间顺序以及所需完成的计划等方面有效地控制谈话,社会工作者依次列出以下第一次访谈可能涉及的话题:

第一,自我介绍,包括自身的兴趣爱好、表达友善的信号,以便拉近与F的距离。

第二,简要说明这次访谈的目的和彼此的角色关系,以便进一步了解F所面临的问题和所希望得到的结果,能够有的放矢地提供适当的帮助。

第三,向F介绍社会工作者的基本职能和相关的规定,如机构的特点、工作性质、保密原则以及工作的大致过程等。

第四,确认F是否能够理解谈话内容,观察反馈。

第五,询问其他家庭成员的基本情况。

第六,确定F所面临的困惑和压力,了解她的情绪和心情。

第七,总结本次访谈的要点,商量下次见面的时间、地点等。

除此之外,社会工作者还需要调节好自己的心理状态,访谈中必须有足够的耐心。要尝试与F建立良好的专业关系,赢得她的信任,并争取其家人对矫正工作的支持。

大致拟订好访谈提纲,完成访谈前的了解和准备工作后,社会工作者迎来了与F的第一次见面。

社会工作者和服务对象的初次见面意味着实质性的工作关系开始建立,对于双方而言,这一过程会充满观察和试探。一般来说,面谈的风格因人而异,还包含着各种技巧。在开始的时候,社会工作者应当真诚地表达出对服务对象的关心,让服务对象能够主动参与谈话。社会工作者和F的谈话主要涉及下面一些内容。在每一个谈话步骤中,社会工作者都尽量运用所掌握的谈话技巧来引导F。

1. 自我介绍

社会工作者按照约定时间来到F家中。见到F时,社会工作者立刻走到她面前,亲切地与她打招呼。

社会工作者:你好!我是矫正社会工作者,听说了你的事情,我的工作就是专门帮你解决困难的。你要是有什么不开心的事或者遇到了困难,可以和我聊一聊,看看我能不能帮上什么忙。

之所以采用这种非正式的自我介绍,主要是考虑到第一次见面是在F的家中,而不是机构的办公室,这可以减轻服务对象对社会工作者的排斥和反感情绪。

2. 明确谈话目的和机构性质

看到F没有强烈的排斥感后,社会工作者和她面对面坐下,顺其自然地向她介绍起了面谈的主要目的。

社会工作者：前些天听你的家人说你心情不好，情绪低落，今天我来的主要目的就是想和你聊一聊，了解一下事情的来龙去脉，看看我们能不能讨论出一个具体的方法来解决这些困难。你说好吗？

社会工作者表达的意思是让服务对象在接受帮助的同时也要参与其中，这实际上也是一种让她从被动接受到主动参与的暗示。之后，社会工作者向F介绍了机构性质。

3. 介绍伦理原则，引导服务对象自我表达

看到F放松了一些后，社会工作者向她介绍了社会工作的伦理原则，并引导F表达自己的困扰。

社会工作者：你不用担心谈话的内容会被泄露，这是我们俩之间的秘密，即使别人想要了解，我也会征求你的意见，得到你的同意之后才说，你看行吗？如果信任我的话，能不能和我聊聊目前你有什么困扰？

向服务对象告知社会工作的伦理原则是必需的，但应当避免过于死板地复述这些原则。在介绍诸如保密等原则时，不要把话说得过于绝对，以避免服务对象在之后的过程中产生被欺骗的感觉。同时，社会工作者应尽快引导服务对象进行自我表达。

4. 探讨问题和专业关系的建立

在F表达了内心想法后，社会工作者将问题的开放程度缩小，继续进行询问。

社会工作者：可以告诉我你现在对于案件和生活的顾虑吗？是什么样的顾虑一直困扰着你呢？

F：……（沉默）

看F沉默不语，社会工作者察觉，或许让她在初次见面就敞开心扉会

有些困难。不过,社会工作者从 F 之前的回答态度中排除了她抵制治疗和拒绝合作的可能性,认为或许 F 仍存有顾虑,又或者她是因思绪混乱而不知如何回答。

社会工作者:你不要担心,有什么心结可以和我说,说出来也会舒服一些。

社会工作者尝试着用鼓励刺激的方式,让 F 多进行表达,从而更加明确问题所在。果然,F 表达了自己的想法。

F:我始终认为我在这次案件中没有错误,这件事情严重影响了我原本美好的生活,再加上现在孕期不适,我感到非常焦虑和不安,也不想去社区矫正。

社会工作者:说出来之后,你是不是感觉轻松一些呢?我明白你的想法,我也理解,谢谢你这么信任我,把自己的真实想法和我说。你现在面临的情绪困扰可能是内心的一些非理性信念造成的,不要太忧虑!如果你继续信任我的话,我想我们接下来这段日子会有很多见面机会的。我们可以一起寻找问题根源,我有信心帮助你渡过难关。

之后,为了避免谈话太过草率地结束,社会工作者对这次访谈做了一个简单的总结以帮助 F 理清思路。

与 F 的接触,让社会工作者对她有了一个初步的判断。通过谈话,在还算轻松的氛围里社会工作者与 F 基本上建立起了专业服务关系。

(二) 深入了解阶段

第一次访谈后,社会工作者和 F 约定一周后再见面,将治疗服务引向更深层次。

1. 资料收集与诊断评估

接下来的一周内,社会工作者进行了接案后的资料收集与诊断预估工作。为了有效利用时间和更有针对性地获取资料,社会工作者再次走访了F的邻里和亲友。在与F丈夫进行谈话时,他表示自己与妻子有相同的观点,认为并没有非法经营行为,他看过妻子所卖产品的说明书和其他资料,完全没有找到违法之处,所以才和亲友一起进行了投资,但是他也清楚要尊重法院的判决,所以愿意配合做好F的思想工作,让她接受社区矫正管理。结合收集到的信息,社会工作者从以下几方面制定了预估报告。

(1) 对服务对象犯罪认知的分析

① F能够接受法院的判罚,但不认可自己的行为属于违法。

② F只关注自己所负责的对公司产品的审核和报批流程,认为都是合法、合规的,并未意识到自己的工作已在整个犯罪活动中发挥了重要的作用。

③ F强调自己在公司实际工作的时间很少,后期因身体不适基本都在家里休息,很少管理业务,因此认为承担了不属于自己的责任。

④ F虽然接受了法院判罚,但主观上还是觉得冤枉,所以内心拒绝社区矫正。

(2) 对服务对象个人系统的分析

① 身心情况:入矫时,F已经怀有5个多月的身孕,又是高龄孕妇,虽然是二胎,但孕期反应剧烈,有各种不适症状。在这种状况下,F更容易出现负面情绪和焦虑心理。她几乎每天都睡不好觉,经常莫名哭泣,感到抑郁和焦虑。

② 家庭情况:F在家中交流最多的对象是她的儿子,她在身体状况不错时会陪儿子看书、玩玩具等。F与公婆的交流仅关于如何照顾孩子,并经常与他们发生口角。F的丈夫工作繁忙,对她和家人疏于关心,F与丈夫缺少沟通和交流,问题产生时她会选择自己忍受。

③ 自我接受:F一直觉得自己拖累了家人和亲友,对个人能力和价值产生怀疑。为了让自己好受一点,她会约投资的亲友出来,请求他们的原谅和理解。目前,F的自我接受程度较低,与人接触时会有紧张的表现。

④ 个人系统中的积极因素:F基本能够自己面对问题,不会一味逃避;能与社会工作者讨论所面临的问题;会对家人表达爱与关心。

2. 确定目标与制订计划

基本的预估工作完成后,社会工作者根据与 F 的见面情况对她进行了诊断,制订出一份治疗计划。计划主要由治疗目标和具体行动方案两方面构成。

(1) 治疗的总体目标与具体目标

根据 F 所面临的困难和处境,治疗的总体目标是帮助她认识到自己的罪错,接受社区矫正教育,改善家庭支持系统,缓解身心及情绪上的压力。

为了实现总体目标,社会工作者制定了以下具体目标:

① 计划治疗初期至中期与服务对象正式会面辅导 4—5 次,见面辅导每周进行,每次时间为 1 个小时。

② 定期让服务对象进行放松练习,缓解服务对象情绪上的紧张与焦虑。

③ 通过与服务对象的交流,了解她的认知偏差,帮助她学习社区矫正相关法律,并让她认识到所面临的问题和做出的行为与她所持有的非理性信念有关。

④ 反驳服务对象的非理性信念,帮助她建立理性的人生哲学,改善她的情绪。

⑤ 帮助服务对象改变思维方式,纠正认知偏差,放弃非理性信念,建立积极的态度和观念。

⑥ 在辅导的中后期,帮助服务对象恢复正常的生活,重新建设家庭支持系统,让服务对象与家人能够更好地沟通交流。

⑦ 辅导末期基本实现所设定的总体目标。

(2) 行动方案

① 经过前期准备,社会工作者在自己的办公室对 F 进行了第一次正式治疗。社会工作者先鼓励 F 说明最近一段时期内所面临的困扰和痛苦的事,然后帮助她找出罪错认知偏差,引发她探究情绪背后的非理性信念。

② 安排 F 完成一系列理性功课,除去她固定思维中的"应该""一定"

等非理性想法。

③ 会面辅导后期,帮助F了解社区矫正教育的具体内容,改变她对社区矫正的偏执看法和错误认识,从正面帮助她树立理性观念。

④ 每次辅导都要重复进行理性情绪治疗,确保治疗效果,其间结合实际,灵活使用自我披露、理性情绪的想象及冒险等治疗方法,帮助F从非理性信念向理性信念过渡。

⑤ 每两周向F介绍一本适合的杂志或读物,通过阅读帮助她摆脱错误的思维。

⑥ 进入跟踪辅导阶段,向F布置与家庭交流的作业并定期了解完成情况,从思维上的辅导过渡到行动上的治疗。

⑦ 跟踪辅导后期,帮助F适应社区矫正教育,定期向她询问情况,主动与社区进行沟通。

(三) 实施治疗阶段

在这一环节,社会工作者运用社会工作介入的方法和技巧,为帮助F成功解决问题和改变自身创造环境。

1. 第一次面谈辅导:让我们一起找出你的非理性信念

F来到社会工作者办公室,进行第一次面谈辅导,这一次见面的首要目标是帮助她找出罪错认知偏差,引发她探究情绪背后的非理性信念。

社会工作者:据我了解你已经怀孕28周左右,这阶段应该会有一些孕期反应,你现在感觉怎么样?

F:我前段时间有些孕吐,因为是高龄怀孕,身体底子本身就差,再想到被判刑,心里就很郁闷,经常偏头痛,晚上也睡不踏实。最近孕期反应稍好一些,算是舒服一点了。

社会工作者:(点头)你刚才说到判刑这事,我之前看了你的判决书,但对具体案件的情况还不是很了解,你能详细地告诉我吗?

F:可以。我是2016年5月跳槽到YL公司做投资部负责人的,公司让我主要负责管理金融投资部以及人员招聘。我作为金融公司投资部主管会向一些老客户介绍公司里好的理财产品,并帮助他们完成认购。我的名下还有个业务团队,手下的业务员也会向他们的客户进行理财产品推荐及认购。我和团队的具体销售数额我不是清楚。但司法鉴定说我和团队一共对外销售14.9亿余元,有本金7亿余元没有完成兑付。

社会工作者:那你应该算是公司的中层管理人员吧?

F:严格意义上说我应该算是高层管理。大学开始我就接触金融,又在香港研学,做过投行工作,在上海的银行工作了近6年,一直做到私人银行客户总监的职位,最后因为计划生孩子,希望工作能够轻松一些才跳槽到YL公司。可以说我对各种理财项目的审核、建仓、销售过程了如指掌。我一直认为自己做事情很严谨,在职期间作为高层管理者,也实地察看过这次涉案项目所涉及的各个担保资产,每一份基金审批文件都仔细研究过,整个流程都有参与,我认为完全不存在不合法、不合规。所以法院说我的销售行为是违法的,我根本无法接受。

在了解F所持有的认知偏差和非理性信念后,社会工作者开始尝试运用认知疗法进行干预。首先,社会工作者让F回顾了她在投资公司工作的具体业务流程,以及公司的运营流程,以帮助F认识到在公司吸取投资资金中她所做工作的必要性,认识到这是贯穿整个犯罪活动的一个步骤。

社会工作者:听你的表述,你有相当丰富的金融行业从业经历,你对自己所参与的基金产品都做了严格的把关,所以才会认为自己及团队推销的理财产品完全合法合规,不认可自己的行为是违法的。

F:是的!我自己跟踪的基金项目,担保资产和内部审计报告都看亲自看过,就算理财这块有问题,但担保资产完全可以做到兑付,所以我自己也投入了一百多万元。如果知道它是违法的,我怎么可能傻到自己也去投钱,那不是把钱往河里扔嘛!真的是想不明白。所以我才会在审判时说自己所做的是合法行为。

社会工作者:但最终法院判决你犯非法吸收公众存款罪,你还是接受了,对吧?

F:是的,我只能接受。但我真的觉得自己很冤枉!我在公司只正正经经上了差不多半年的班,之后因为怀孕,就开始在家里休息,根本没去过单位,没管过业务。但法院在判决的时候,还连带着团队所有销售金额一同对我做出判决。律师帮我研究过,如果只是我个人经手的部分,最多也就判3年,但是现在法院判了6年。我真的是太冤了。

社会工作者:我从判决书上看到你是从2016年5月至2018年出事期间都在YL公司工作,你怀孕后作为投资部负责人的职位是否有过变动?工资方面又是如何计算的呢?

F:我从发现怀孕后就很少去公司,但是职位始终没有变过。我们做销售业务的,工资主要靠提成,根据个人或者团队业绩,销售越多收入就越多。薪酬方面公司倒是一直都给得不错。

社会工作者:"给的不错"是不是因为公司以你和团队共同的业绩来计算给薪呢?

F:或许吧。

社会工作者意识到F对她的话有了一定的反应。考虑到F情绪比较低落,思想压力大,社会工作者决定配合认知疗法,为F进行一次放松治疗,让她进行放松练习,即通过简单的腹式呼吸法缓解紧张和焦虑情绪。辅导结束后,社会工作者开始整理面谈记录,发现F有一定配合治疗的意愿,其非理性信念有"松动"的迹象,但她仍然持较为强烈的非理性思维逻辑,在接下来的治疗过程里还要不断对她进行说服,让她逐渐摆脱不良认知和情绪。

2. 第二次面谈辅导:学会放弃绝对化想法

第二次辅导时,社会工作者首先询问了F这几天的状况。F表示,身心情况稍有改善,但仍然情绪紧张。

社会工作者提醒F要通过理性训练,修正非理性信念。接着,社会工作者详细询问了F最近的情绪状况,F的表现表明她内心的紧张情绪和压力感仍较为明显。

社会工作者:你最近心情怎么样?感觉还好吗?

F:你上次教我的方法我试过,有一些缓解,但还是感到不舒服。

社会工作者:我明白,这些情绪不是一时半会能够消解的,需要一些系统性的治疗和训练。上次你说自己作为投资部主管不仅负责公司产品的审核和报批,还会给业务员做一些理财产品的介绍培训,是吗?

F:是的。这些都是我工作职责。

社会工作者:嗯嗯。那你能否评价一下自己当初的工作表现呢?

F:我作为管理层人员,一定是要带领团队创造业绩的。在职的时候,我会先详细地分析公司的每一份产品,再去给业务员进行培训,这样才能帮助他们更好地销售产品。我的团队也比较优秀,业绩做得很不错。

社会工作者:听上去,在职期间你给了业务员们许多工作上的帮助。

F:是的。

社会工作者:那么你觉得公司的产品能够吸引大家进行投资,是不是因为你给团队做了良好的培训呢?

F:是起到了一部分作用吧。

社会工作者:是啊,很多事情并不像你想象的那么糟糕,没有必要将事情都想得那么绝对,从这件事情看,你在工作上的付出是精彩且有意义的。

F:这么想好像是有点道理。

在这次辅导中,社会工作者告诉服务对象需要适当放弃一些"绝对化"的想法,比如个人关于罪错和社区矫正的"绝对化"认知,以及个人的非理性信念等。辅导结束后,社会工作者整理了记录。从成效方面看,F 在调整自我压力和罪错认知方面有了一定的积极反应。

3. 第三次面谈辅导:勇敢建立新的理性信念

经过之前的面谈辅导,F 的理性信念基本建立。在电话联系期间,F 对理性信念的理解情况和掌握情况都有所进步。

这次辅导中,社会工作者还向 F 正式讲解了社区矫正教育的具体内容。经过社会工作者的不断引导,F 之前对社区矫正的偏执看法和认识发生了改变,树立起了理性观念并端正了态度。

第三次会面和谈话辅导后,F 基本完成了治疗辅导方案的阶段性计划要求,非理性信念得到了一定的控制,对罪错也有了正确的认知,并且不再排斥社区矫正。在接下来的辅导中,社会工作者仍要留意治疗效果,并在家庭支持方面进行介入,帮助 F 克服随时可能会出现的情绪波动。

4. 第四次面谈辅导:完善家庭支持系统

在完成前几次的面谈辅导后,社会工作者与 F 的家人进行了联系。一方面,社会工作者与 F 的家人配合,做好家庭工作,让家人给予 F 更多的关心和陪伴;另一方面,社会工作者提醒 F 的家人要多注意她的情绪状况。

社会工作者与 F 的丈夫再次进行了谈话,在谈话中,F 的丈夫发现了自己对妻子缺少关心的问题,并在社会工作者的建议下决定每天在休息时联系妻子,和她多说说话,关心一下家里的情况。此次辅导后,F 与家人之间的隔阂逐渐消解。

5. 进入跟踪辅导

在跟踪辅导初期,社会工作者会每周定期与 F 通电话,对其理性功课的坚持情况、放松练习的效果等进行了解。每次家庭活动后,社会工作者都会积极倾听 F 的感受,并从亲友邻里的口中侧面了解她的表现。几次面谈辅导后,F 的情绪确实发生了很大变化,她与社会工作者交谈时的笑容也多了,对怀孕和接受矫正没有了怨言,身体和精神状况也逐渐变好,开始期待"二宝"的降临。

借此机会,社会工作者劝告F正确看待个人罪错,积极接受社区矫正教育,不要因为社区矫正影响以后的生活。在接下来的跟踪辅导中,社会工作者仍然每周与F联系,了解她的近况,帮助她解决情绪问题。

(四)评估与结案阶段

根据F在跟踪辅导期间的表现,且鉴于她已经开始逐渐恢复正常生活,社会工作者对此次个案辅导进行了整体的总结评估:

第一,本次介入过程基本有效,服务对象摆脱了非理性信念,逐步建立起理性信念系统,情绪也变得稳定,回归了正常的生活,能够积极接受社区矫正教育,对罪错的固有认知偏差也发生了改变,目标基本达成,因此结案。

第二,社会工作者在本案例中主要采用了见面访谈与后期实际行动跟踪辅导相结合的方法;采用了认知行为疗法,帮助服务对象摆脱了旧的观念,放松情绪,建立起了积极的理性信念系统。

第三,以服务对象目前的状况判断,辅导可谓成功,但为防止服务对象重蹈覆辙,社会工作者要与她保持联系,持续跟踪。

第四,这次介入对社会工作者本人而言也是一次深刻的经历,是对自身理性信念的一次巩固。在帮助服务对象的过程中,社会工作者对此类问题也有了更多的思考。

五、总结评估

(一)效果评估

在F的个案中,社会工作者通过前期调查和后续走访及个别谈话的方式,发现服务对象存在的问题与需求,运用认知和改善家庭支持系统等方法帮助服务对象重新认知了自己的罪错,转变了她对社区矫正的态度,让她从反感到积极配合。社会工作者在个案服务过程中也发现了服务对象存在的身心和情绪等问题,通过帮助服务对象找到不合理的信念,引导她重新看待自己,纠正了她错误的思维方式。同时,社会工作者还关注到了服务对象的家庭互动,通过与她的家人进行针对性沟通,帮助她获得了更多的家庭支持。这些工作让服务对象的不良情绪得到了缓和,也让她能够认罪服法,自觉接受社区矫正教育。

(二) 过程评估

(1) 第一次面谈辅导:服务对象有一定配合治疗的意愿,其非理性信念有松动的迹象,但仍然持有较为强烈的非理性思维逻辑。

(2) 第二次面谈辅导:服务对象在调整自我压力方面和罪错认知方面有了一定的积极反应。

(3) 第三次面谈辅导:服务对象基本达成了治疗辅导方案的阶段性目标要求,非理性信念得到了一定的控制,对罪错有了正确的认知,不再排斥社区矫正。

(4) 第四次面谈辅导:建立了起完善的家庭支持系统,服务对象的理性信念系统更加稳固。

(5) 跟踪辅导:逐步建立起理性信念系统,达到稳定情绪的作用,服务对象回归了正常的生活状态,能够积极接受社区矫正教育,改变了对罪错的固有认知偏差,介入目标基本达成。

六、专业反思

本案例中,社会工作者认为自己的理论知识和实际操作能力还有所欠缺,缺少富足的精力和时间去细化服务个案。本案例之所以能够达成预定目标,很大程度是因为得到了F丈夫的大力支持。社会工作者需要加强自身的专业学习,研究和探索如何更好地提供服务。

(作者:曹文晶)

漫漫回家路　浓浓帮教情

一、案例背景

Z,男,汉族,未婚,1956年9月出生于江苏省,现户籍地为上海市,小学文化程度,有12次盗窃前科。Z于2013年8月10日刑满释放回归社区。

Z是所在社区"有名"的人物。他一次次的犯罪让社区感到"头疼",经常是司法所刚帮他申请好低保和廉租房,就收到他涉嫌盗窃再犯被公安机关抓捕的消息。Z属于"三无"(无家可归、无业可就、无亲可投)人员,户口长期空挂在原单位集体户口里。

Z有5个兄弟姐妹,他是家中的长子。1978年,Z顶替父亲从江苏独自来到上海,进入上海某厂工作,居住在单位提供的员工集体宿舍里。一开始,Z也是个工作认真、向往美好生活的年轻人。工作之余,他也乐于帮助同事,与同事们相处融洽。但1982年的一个"恶作剧",让Z因盗窃被判处2年劳教。起因是,Z的一个同乡来上海看望他,这让Z十分高兴。好面子的他想向同事借一辆自行车,带着同乡逛一逛上海。但当他将这个请求提出后,却遭到了拒绝。被驳面子的Z心怀不满,于是,他将同事停在砖瓦厂的自行车锁撬了,并停放在某厂厂区。看到同事丢车后的焦急模样,Z暗自得意了好几天,却没想到这件事被闹到了厂区联防队。一周后,厂区联防队找到了Z,虽然Z爽快地交出了自行车,但是这件事已经被定性为盗窃。这成为Z人生的拐点,彻底改变了他。自此,Z变得"愤世嫉俗"。怀着"破罐子破摔"的心态,他一次次出入监狱、劳教所和看守所。可以说,

Z年少时期多是在监狱、劳教所和看守所里度过的。

二、问题分析

社会工作者从生活、就业和社保、医疗、户籍、养老、心理、社会矛盾7个方面分析了Z的问题。

1. 生活方面

Z在上海举目无亲,属于"三无"人员,急需获得基本的民生救助,即能吃饱饭,并有一处安全稳定的居住场所。

2. 就业和社保方面

本次刑满释放后,Z已经57周岁了,他学历低,无技能,脱离正常社会多年。Z不清楚自己的实际工龄和社保缴纳年数。若不满15年,即意味着Z没有养老金,只能依靠低保救助金维持基本生活。此外,Z需要被登记失业,并被认定为就业困难人员,以便享受劳动和社会保障方面的政策待遇。

3. 医疗方面

Z患有高血压等慢性病,没有工作,没有收入。一旦患病,将无力承担医疗费用。因此,Z需要获得医疗社会保障的支持。

4. 户籍方面

Z的户籍在集体户口内。他的原单位历经三十多年的发展与变革,早已不复存在。现公司承接了Z原单位的遗留问题,希望将Z的户籍清理出去,但Z在上海没有亲属,也没有其他可以让他落户的场所。

5. 养老方面

已经57周岁的Z,很快就将面临养老问题。如何解决Z的养老问题,让他的老年生活得到保障是社会工作者需要考虑的问题。

6. 心理方面

Z自1982年因盗窃被判劳教以来,有12次盗窃前科。长期的犯罪与脱离正常社会,让他变得偏执和爱"钻牛角尖"。Z 认为社会亏欠了他,因此通过一次次犯罪来对抗和报复社会。社会工作者需要与 Z 建立良好的专业关系,帮助 Z 挖掘自身优势,激发他改变的意愿,疏解不良情绪。

7. 社会矛盾

社会对刑满释放人员的歧视一直存在。Z 户口所在公司不愿意接纳 Z。Z 是"三无人员",个人信用几乎为零,也几乎没有人愿意相信 Z 能够转变,甚至连 Z 自己也没有想过改变自己。社会工作者需要整合 Z 的优势资源,寻找有利于 Z 的相关政策,协助他理清头绪,尽力解决他的问题。

三、服务计划

(一) 目标与理论基础

1. 服务目标

(1) 微观层面服务目标,即针对个体的服务目标,具体包括以下几点:一是建立专业关系,消除抵触情绪;二是了解实际问题,分析具体需求;三是查询社保情况,咨询相关政策;四是结合实际分析,匹配相关政策;五是共同寻找问题解决途径,引导选择最佳方案;六是心理情绪疏导,加强专业关系。

(2) 中观层面服务目标,即针对 Z 家庭的服务目标。虽然 Z 在上海没有亲属,但经了解,他的母亲、姐姐和 3 个弟弟都在江苏居住生活,对他的居住生活问题和需求,母亲和弟弟都表示愿意提供一定程度的帮助与支持。社会工作者要帮助 Z 获得来自家庭系统的支持。

(3) 宏观层面服务目标,即针对 Z 周围社会资源的服务目标:一是帮助 Z 链接司法所资源。司法所可以依托安置帮教工作站的服务平台,整合社区资源,为 Z 提供法律支持和帮教服务。二是帮助 Z 获得来自社区的支持。社区事务受理服务中心可以为辖区居民提供"一站式"社区服务,包括咨询最低生活保障、廉租房政策，查询实际工龄、社保缴纳期数、了解各项具体的补贴等，社会工作者要协助Z处理好与社区相关的事宜。三是帮助Z获得户口所在单位的支持。由于Z多次前往户口所在单位讨要生活补助、居住补贴等费用，该单位为解决这一问题也愿意承担一定的社会责任，在Z的社保、医保、居住等方面给予一定的经济协助，社会工作者需要帮助Z协调好与该单位相关的事宜。

2. 理论基础

优势视角理论着重于挖掘服务对象自身的优点，帮助服务对象认识自身的优势，从而达到解决服务对象外在或潜在问题的目的。优势视角是一种关注人的内在力量和优势资源的视角。这意味着应当把人们及其所在环境中的优势和资源作为社会工作助人过程中关注的焦点，而非关注服务对象的问题和病理。优势视角基于这样一种信念，即个人所具备的能力及其内部资源让他们能够有效应对生活中的挑战。优势视角超越了传统问题视角的理论范式，关注于服务对象的优势和潜能。它强调把注意力聚焦于服务对象如何生活、如何看待世界上，鼓励服务对象从过去的经验里找出意义。

第一，Z的个体优势，一是身体健康状况尚可，除患有高血压外，无其他重大疾病。二是经社保查询，Z实际有14年6个月的工龄和社保缴纳期数，有机会在60周岁前缴满15年，之后可成为本市退休职工，每月享受固定的养老金。三是Z的母亲、兄弟姐妹都在江苏居住生活，他可以回到老家养老。四是Z与司法所打交道多年，对司法所的帮教工作较为认可。五是Z会前往户口所在单位寻求居住和生活上的帮助。

第二，外部环境的优势，一是Z户籍地司法所的安置帮教工作扎实、有力，依托安置帮教工作站可以为Z提供多种服务。二是Z在江苏的亲人都愿意接纳他，Z实际上拥有家庭系统支持。三是Z户籍所在单位愿意承担一定的社会责任，在Z的社保、医保、居住等方面给予一定的经济协助。四是上海市现有的政策可以给Z这样的刑满释放人员一定的支持。五是Z

老家的住房价格低廉,是解决居住生活问题的潜在优势。

(二) 介入策略概述

第一,了解 Z 的基本情况;走访 Z 居住的小区,通过邻里了解 Z;深入 Z 的家中,与 Z 初步建立信任关系。

第二,了解 Z 存在的认知偏差问题,通过回顾过往的生活及犯罪经历,纠正他的错误认知,深入了解 Z 对自身罪错的认识。

第三,寻找 Z 的不合理信念,运用理性情绪疗法缓解他的不良情绪,减轻他的负面心理。

第四,利用优势视角寻找 Z 的潜在优势,为他制定更加合理的服务计划。

四、介入过程

具体介入包括以下 8 个步骤:

(一) 建立专业关系,打消抵触情绪

社会工作者第一次与 Z 见面,是在 2013 年 10 月下旬的一天上午。10 月下旬的天气还有些闷热,Z 穿着一件泛黄的旧汗衫,来到了社会工作站点。进门后,社会工作者和 Z 对视了一眼,Z 问道:"我来找社会工作者小王的,小王呢?"社会工作者回答道:"你好!我是帮教社会工作者小顾,你要找的小王,已经被调动到其他街道工作了。小王原先的工作,已经全部移交给我了。有事你可以跟我说。"看到帮教社会工作者换了人,Z 一下就沉下脸来,没好气地说道:"我是 Z。释放回来 2 个多月了,没钱、没工作,也没地方住,小王答应要帮我的。现在倒好,她拍拍屁股调走了,我找谁去呀?"Z 又说道,"我现在没饭吃、没地方住,你们社会工作者、司法所不管我,谁管我啊!反正今天你们要是不给我一个说法,我就不走了。"

"哦!你就是 Z 啊!来,先别着急,坐下来,喝口水吧。"社会工作者边说边拉开办公室的接待椅,向 Z 递上一瓶矿泉水。"你的情况,小王已经跟我说过了。她临走之前还在关心着你的事情呐!现在我们正在跟你的原单位做协调工作,毕竟你的户口在原单位,我们还是希望你的原单位能够出力帮帮你。"Z 听着社会工作者的话,心情逐渐平复下来。他自言自语道:"看来小王对我还是不错的。"接着,他又说道:"那我单位怎么说?现在没地方住、没钱、没饭吃的是我呀!"社会工作者说道:"Z,我知道你的难处,上海的生活成本这么高,你每月就拿个 640 元的低保,生活上的确很困难。要不,你看这样行吗?给我两天时间,让我把你的实际情况再跟司法所反映一下,看看司法所能不能帮你申请一次性临时帮困补助金,暂时缓解一下经济困难。至于跟你原单位协调的事情,你放心,我也会帮你跟进的。"看着社会工作者一脸真诚的表情,Z 也不好意思再为难,他回答道:"看你是新来的社会工作者,那我就给你个面子,过两天再来。"于是,Z 离开了社会工作站点。

虽然 Z 语气不善,但社会工作者秉持平等、尊重的工作理念,向他表达了愿意协助的态度,安抚了 Z 的不良情绪,暂时改变了他对社会工作者不友善和不信任的态度。

(二)核实相关信息,了解实际问题

接下来的两天,社会工作者便开始忙碌 Z 的事情。首先,社会工作者向司法所专职干部报告了 Z 的实际困难和所反映的问题。社会工作者核实了 Z 在上海确实存在经济困难、无处居住、无亲可投的情况。此外,社会工作者还了解到,司法所和前任帮教社会工作者小王已经开展了部分工作,Z 的原单位分管领导已经初步同意,就 Z 的住房困难和社保情况,给予一定的经济帮扶,但是具体数额和帮扶形式还没有确定。在核实相关情况的过程中有人提醒社会工作者,Z 在社区的评价很差,是盗窃惯犯,指不定哪天又涉嫌盗窃了。

(三) 查询社保情况,咨询相关政策

为了更好地进行帮扶,社会工作者需要具体了解 Z 的劳动、医疗、住房保障和社会救助情况。于是,社会工作者带着相关身份证明来到了街道社区事务受理服务中心。经查询,Z 的工龄和社保缴金月份是 14 年 6 个月。这意味着,Z 只要再连续缴纳 6 个月的社会保险金,待其年满 60 岁时,就可以办理退休,之后每月都可以领取养老金。社保中心窗口工作人员提醒社会工作者:低保、低保渐退政策,属于民政救助部门管理;缴纳社保金、特殊人员自由职业缴金补贴、大龄失业就业岗位补贴,则属于人力资源和社会保障部门管理。二者不能同时享受。但 Z 还可以申请廉租房补贴。在服务中心工作人员的帮助下,社会工作者了解到了 Z 能具体享受的政策待遇。

(四) 结合实际分析,匹配相关政策

如果 Z 选择享受低保,就无法继续缴纳社保金,那他已有的 14 年 6 个月的工龄和社保缴金就发挥不了作用,意味着今后 Z 就要一直接受低保。如果 Z 选择继续缴纳社保金,则需要其单位提供一定的经济帮助。社会工作者分析,对 Z 而言,选择连续缴纳社保金,由其原单位提供经济帮助,达到退休职工最低 15 年的缴费年限,让 Z 待年满 60 周岁时申请办理退休和领取养老金,应该是最佳选择。而且如果 Z 选择退出低保,还可以向民政部门申请获得 2000 元的一次性低保渐退鼓励金。此外,因为 Z 是刑满释放人员,按照相关政策,还可以申请全额的缴费返还补贴。换而言之,Z 缴纳的社保金在之后可以得到全额返还。

(五) 共同寻找问题解决途径,选择最佳方案

社会工作者将从街道社区事务受理服务中心了解到的相关政策以及补贴标准情况向司法所作了汇报。在社会工作者的努力下,Z 获得了司法所的大力支持,也取得了原单位的协助。原单位同意承担 Z 6 个月连续缴

纳社保金的费用,也愿意以每月500元的标准帮助Z落实居住问题。于是,社会工作者向Z详细讲解了低保、社保金和廉租房等相关政策以及补贴标准,并站在Z的角度进行了分析,为他讲解成功申请之后可以获得的实际利益,并强调要感谢原单位的帮助。但Z却不这么认为,他虽然感谢社会工作者能够站在他的角度为他着想,维护他的利益,但是对原单位的出资,他却不以为意,称"那是我应得的。要是他们不给个说法,我就去原单位办公地闹一闹"。

最后,Z选择了"最佳方案",并在社会工作者协助下,成功申请了多项补贴。Z表示,廉租房申请后,需要经历近一个月的工作核准,而原单位给的住房补贴每个月仅有500元,无法在上海租到合适的住房。因此,他决定回江苏的老家投靠弟弟。

(六) 心理情绪疏导,加强专业关系

服务过程中,社会工作者一直提醒Z要遵纪守法,注意控制自己的情绪和行为,不要有过激举动。Z因为生活困难得到纾解,并且年满60周岁后还能办理退休、领取养老金,而感到安心。带着对今后生活的期盼,Z回到了老家。在之后的帮教过程中,社会工作者每月都会去银行帮Z查询社保缴费情况,每季度会替Z申请相关补贴;在政策或补贴标准发生变化时,社会工作者还会及时提醒Z。

社会工作者定期与Z保持联系,提醒他珍惜与亲友团聚的时光,不要再次违法犯罪。Z表示,老家的生活让他感觉亲切又熟悉,生活得很充实,平时他会帮着弟弟一家接送侄女上下学,空闲时还能帮着同村人盖房子,做些临时活计。

(七) 租房遇挫,发生危机事件

2013年12月,Z的廉租房租金补贴终于被批准了。然而,社会工作者和司法所虽全力协助,但因种种原因Z没能在规定的6个月期限内自行租赁住房、签订租赁合同,被视为自愿放弃廉租住房保障资格,并且1年内不

得再次申请。

过去多年里，Z数次到原单位办公地吵闹，采取言语、自伤自残等威胁手段要求原单位为其解决住房问题。这次租赁廉租房遇挫一事，再次引发了Z对原单位的强烈不满，成了Z与原单位矛盾激化的导火索。2014年的一天，Z又一次来到上海，趁着原单位办公地维修房屋之际，他攀爬到3楼楼顶扬言要跳楼。在派出所民警和社会工作者的耐心劝说下，Z终于打消了轻生的念头，并同意在办理退休后，再与原单位好好协商。

(八) 办理退休，达成调解协议，购买住房，户籍迁移

1. 提前准备，成功办理退休

社会工作者在Z退休前的一个月就向社区事务受理服务中心的工作人员咨询了申办退休的材料和工作流程，并以电话和短信的方式，告知Z提前准备。2016年9月12日，社会工作者陪同Z成功办理了退休手续，Z正式成为一名退休职工。

2. 搭建协商平台，达成协议

办理退休后，社会工作者积极整合街道司法所调解和安置帮教工作站的资源，为Z和原单位搭建了法律服务平台，建议双方接受司法调解。调解中，原单位方面表示，只要Z同意将户籍迁出集体户口，就支付给他10万元作为补偿。Z表示，原则上同意这一补偿方案，自己可以把户籍迁往弟弟家，但要求原单位为他在老家购买一套商品住房，作为今后养老的居住地。原单位方面表示同意。双方自愿达成调解协议，签订了调解协议书。

3. 成功购房

达成调解协议后，Z在老家看中了一套二手房，原单位便派了工作人员去当地考察，之后Z在老家成功购入了这套约60平方米的二手商品房。

4. 户籍迁移遇阻，一波三折

Z原计划在签订调解协议书后的20天内将户籍自集体户口迁出，但

实际却耗费了 5 个月之久。主要遭遇了三方面的困难：一是户籍跨省迁移，所需书面材料较多。二是户籍迁入过程中工作人员出现了失误，导致 Z 在全国户政系统中出现了 2 个户籍，迁出地派出所无法办理户籍迁出手续。三是上海和江苏两地的公安系统各自独立，无法实现户籍的网络迁移。

5. 疏导不良情绪，明确目标

Z 为自己的户籍迁移做了很多努力，先后往返老家与上海之间 3 次，多次至派出所、村委会和县公安局等部门询问户籍迁移的情况。但户籍迁移之事一波三折，Z 难免产生不满和消极情绪。社会工作者在此期间与 Z 分析了具体情况，不断进行说服劝导。

6. 派出所积极协调，出现转机

在街道的协调下，社会工作者向派出所汇报了 Z 户籍迁移遇阻一事。之后，经派出所积极协调，事情出现了转机。社会工作者接到通知，派出所可以为 Z 办理户籍迁出手续了。

7. 户籍成功迁移，履行协议

Z 在接到通知后主动履行了调解协议书中迁移户籍的责任，来到上海办理了户籍迁出手续，成功将户籍迁回了江苏老家。Z 的原单位也及时履行了调解协议的内容，除了支付前期的购房款外，还给了 Z 3 万元的经济补偿款。

五、总结评估

Z 在年满 60 岁后顺利办理了退休手续，每月可以领取养老金，民生、就业和社保问题得到了解决；Z 在江苏老家拥有了一套 60 平方米的二手商品房，户籍也成功迁入，户籍和养老问题也被解决。这些问题的解决让 Z 的心也跟着踏实了，他表示再也不会去做违法犯罪的事情，与之相关的心理问题、社会矛盾问题也都得以解决。至此，Z 的诸多问题都得到了妥善处理,这例持续多年的疑难重点帮教个案也画上了圆满的句号。

六、专业反思

(一) 专业服务理念

平等、尊重、助人自助是每一个社会工作者都要坚持的工作原则。每个服务对象都是有故事的人,每个服务对象都有其自身优势和潜能,每个服务对象都具备有效应对生活中挑战的能力。社会工作者需要秉持这样的理念,收集资料,核实信息;精准分析,确定方案;整合资源,积极跟进;精准施策,解决问题。

(二) 服务方法

安置帮教工作是一个整体性的综合工作,不可能单靠一个人的力量运作。在对Z开展的精准帮扶的过程中,安置帮教工作站发挥了至关重要的作用。此外,虽然Z身上有很多的问题,但他其实并不缺少社会资源,有很多帮扶政策是可以申请享受的。社会工作者在协助Z了解了民政救助、劳动保障、住房保障、医疗保障等相关政策后,与Z协商选择了最佳方案,并积极整合资源,为他和原单位搭建了协商平台。

(三) 专业能力

在为Z提供专业帮教服务的过程中,社会工作者投入了许多精力去了解社保、医保、住房等相关政策,这提升了社会工作者的专业能力和实务能力。通过协助Z购房和户籍迁移,社会工作者也接触到了新的领域,一次次面对困境,又一次次整合各方资源解决困境。在为Z提供帮教服务的过程中,社会工作者自身的专业能力也得到了成长与提升。

(作者:顾佩瑜)

小组与项目篇

信念合一　国韵新行
——上海市 H 区社区矫正对象认知行为矫正小组工作探索

一、小组背景

社区矫正是一种不使罪犯与社会隔离,利用社区资源改造罪犯的方法,它能更好地提供人道主义服务,恢复矫正对象的社会功能,帮助矫正对象顺利回归社会,最终达到减少再犯发生可能性的目的,并以预防和减少犯罪发生为最终成效。因此,如何预防犯罪人员再犯是社区矫正的工作重点之一。

综观 H 区 2018 年在册的社区矫正对象,其中诈骗类对象占比最高。根据 2018 年 3 月的统计,H 区社区矫正总人数为 175 人,其中犯销售伪劣商品罪 6 人,占总体社区矫正人数的 3%;犯信用卡诈骗罪 10 人,占总体社区矫正人数的 6%;犯非法经营罪 9 人,占总体社区矫正人数的 5%;犯合同诈骗罪 4 人,占总体社区矫正人数的 2%;犯盗窃罪 4 人,占总体社区矫正人数的 2%;犯诈骗罪 12 人,占总体社区矫正人数的 7%;犯非法吸收公众存款罪 15 人,占总体社区矫正人数的 9%。从以上数据可以看出,信用缺失人员占全体社区矫正人数的 34%。在进行入矫谈话及审前调查资料收集时,社会工作者发现这些矫正对象都存在道德诚信观念淡薄、在刑意识较差等问题,普遍认为使用信用卡套现,是谋生的一种手段,是不花力气、"零成本"的资金来源。为了有效降低这类对象的再犯率,结合中国传统儒家文化中"不诚无以为君子"的道德评判标准,我工作站将有相同犯罪事实、相似犯罪认识的矫正对象组织到一起,希望通过中国传统文化的熏陶与认知行为理论相结合的方式,开展国学系列认知行为治疗小组,以此改变此类对象的认知方式,从而达到认知、情感和行为三者的和谐,改变小组成员不合理的行为,并最终提升他们的诚信意识。

二、参与对象及招募方法

本小组为封闭性小组。

社会工作者首先整理、汇总、分析了信用卡诈骗类犯罪对象的个人信息,建立了心理健康档案,之后根据档案进行筛查,选择合适的成员,并开展心理测试活动,通过心理测试量表,对社区矫正对象心理状态进行测评,以此了解他们的真实内心感受和需求。

经过综合考量,社会工作者选择了10位同质性较高的社区矫正对象作为小组成员(表9-1)。

表 9-1 小组成员信息表

序号	姓名	性别	年龄(岁)	学历	联系方式
1	罗某	女	58	高中	139××××××××
2	刘某	女	51	中专	137××××××××
3	徐某	男	31	中专	136××××××××
4	张某	男	62	高中	139××××××××
5	张某	女	56	高中	187××××××××
6	乐某	男	54	中专	138××××××××
7	顾某	女	49	高中	139××××××××
8	陈某	男	39	中专	137××××××××
9	张某	男	57	高中	133××××××××
10	童某	女	56	高中	187××××××××

三、小组目标及目的

(一) 总体目标

增强组员的诚实守信意识,降低信用卡诈骗类犯罪率。

(二) 具体目标

第一,让小组成员了解失信的成因。
第二,让小组成员认识失信的后果。
第三,让小组成员学会守信,合理规划行为。
第四,让小组成员养成诚实守信的生活态度。

四、理论依据

(一) 理论观点

1. 儒家"信"文化

在儒家思想中,诚信是为人处世的基本原则之一,是建立在最高道德原则"仁"的基础之上的。它从个体修养入手,着眼于社会的稳定与和谐。儒家关于诚信的论述多围绕政事与人伦两个方面展开。

2. 认知行为理论

认知行为理论是通过改变思维信念来改变不良行为的理论体系。受经典条件理论和操作性条件作用理论及社会学习理论的影响,美国知名心理咨询师阿伦·贝克于20世纪60年代根据自己的临床实践总结出了认知行为治疗理论,该理论强调认知对行为和情绪的影响。认知行为理论成为认知行为治疗模式的重要思想来源。

认知行为小组是一种心理治疗小组,该类小组旨在帮助个体改变消极的思维和行为模式,以达到心理健康和积极生活的目标。小组成员通过互相分享经验和相互支持,学习认知技能和行为技能,以应对各种情境和挑战。认知行为小组已被广泛应用于治疗抑郁症、焦虑症、创伤后应激障碍等心理问题,取得了良好的效果。

认知行为理论用修正认知来修正行为,强调认知在解决问题过程中的重要性,强调内在认知与外在环境之间的互动,认为外在行为的改变与内在认知的改变都会最终影响个人行为。

(二)理论运用

第一,本次小组活动以提升社区矫正对象的诚信意识为重点,通过国学研习讲座、国学体验等形式,让小组成员由浅入深地接受儒家"信"文化的熏陶。

第二,社会工作者通过关注小组成员的行为与认知两个方面,提升小组成员的诚实守信意识,帮助小组成员建立健康的行为模式,改变小组成员的认知偏差和不合理信念,最终达到降低信用卡诈骗类犯罪率的目的。

五、小组计划

本小组计划采取多种形式的小组互动,在宣扬传统文化的同时,让小组成员学习静心自控,并以此安抚躁动和释放压力;激发小组成员的内在潜力,实践"信念合一",以达到学有所用、不断完善自己的目的。具体活动计划如表9-2所示。

表 9-2 "信行天下"认知行为矫正小组活动计划表

活动单元主题	活动目标	活动过程
相聚静心	1. 成员相互熟悉 2. 明确小组目标，订立契约 3. 提升小组成员学习和传承中华优秀传统文化的兴趣，引导他们调整自身认知行为规范	1. 破冰游戏："代号密码"（自我介绍） 2. 明确小组目标，讨论契约内容，订立契约 3. 国学综合研习讲座 4. 文庙参观体验 5. 学习应对和释放改变过程中的压力 6. 轻松训练：深呼吸练习 7. 家庭作业：准备"我的案例分享" 8. 评估：分享与小结
何为"信"	1. 引导小组成员知法、守法 2. 帮助小组成员了解自身存在的认知行为偏差，并尝试修正	1. 热身游戏："狼来了" 2. 案例分享：自己或身边的案例 3. 互动讨论：法治观念、在刑意识培养 4. 国学研习讲座：中庸与自我驾驭——五常之"信" 5. 成员分享感受：自我识别及活动的启发 6. 家庭作业：绘制自我行为调整列表计划 7. 评估：分享与小结
为何"信"	1. 通过情景角色扮演进行指导训练，加强对认知偏差、非理性行为的识别 2. 总结学习收获并运用到实践中	1. 热身游戏："东郭先生是谁？" 2. 回顾上次活动内容，分享家庭作业 3. 主题任务：角色扮演 4. 松弛训练：自控的力量 5. 家庭作业：修改实施自我行为调整列表计划 6. 评估：分享与小结
如何"信"	1. 通过正强化，让小组成员调整认知偏差、建立健康的行为模式 2. 通过负强化，强化小组成员的情绪管理和自我行为调控能力	1. 热身游戏："我猜，我猜，我猜猜猜" 2. 互动游戏："情绪温度计"（识别情绪，了解想法、情绪、行为之间的相互影响） 3. 互动训练："诚信脸谱"（学会认识需求的合理性、控制越界行为） 4. 成员分享感受 5. 家庭作业：巩固自我行为调整列表计划的实施 6. 评估：分享与小结

(续表)

活动单元主题	活动目标	活动过程
信念合一	1. 分享短期成长目标 2. 回顾小组历程，进行整体总结归纳 3. 学习如何制定明确、具体、实际、可行的行为目标 4. 延续小组成果	1. 热身游戏："协作的力量" 2. 回顾上次活动内容，分享家庭作业 3. 回顾小组历程，小组成员轮流发言 4. 小组成员对小组活动表达理解和建议 5. 评估：填写评估意见表 6. 互相赠言鼓励，发放小礼品，合影留念

除了设计社区矫正对象参与的小组活动外，社会工作者也希望动员他们的家属参与活动，于是计划在重阳节和中秋节分别举办主题为"自我挑战，心境登高"和"品味中秋，韵味亲情"的活动，希望通过加深社区矫正对象及其家人对中华优秀传统文化的了解，提高他们的诚信意识和家庭归属感，通过活动改善小组成员的家庭关系。

六、小组实施过程

(一) 第一次小组活动：相聚静心

1. 参与成员

10名社区矫正对象。

2. 活动目标

(1) 成员相互熟悉；(2) 明确小组目标，订立契约；(3) 通过参观传统文化教育基地和聆听国学老师的基础国学知识讲座，提升小组成员对学习和传承中华优秀传统文化的兴趣，引导他们调整自身认知行为规范。

3. 具体活动

(1) 破冰游戏：小组成员分别进行自我介绍，重点突出自我特点。这一阶段刚开始时，部分组员有些拘束，但经过及时示范和引导气氛逐渐缓和。

（2）明确小组目标，订立契约：小组成员共同参与，结合前期访谈内容，采取讨论方式立约。

（3）国学综合研习：一是儒家"信"文化简析。二是学习应对和释放改变过程中的压力。三是"握手断人"的解析与演示。在这一阶段的活动中，小组成员们逐渐打开了心扉，各自发表感想，有的表达了对现实处境的焦虑，有的分享了参与活动的心路历程。这些发言拉近了小组成员间的距离，也激起了参与小组活动的热情。

（4）传统书法撰写体验：组织小组成员学习撰写书法。在这一阶段，小组成员专心投入，小组气氛融洽。

（5）布置家庭作业：让小组成员准备"我的案例分享"。

（6）评估：总结本次活动过程，小组成员分享收获，填写满意度评估表。

4. 社会工作者反思

（1）国学综合研习环节的时间安排需要更加紧凑，防止因活动时间过长，小组成员产生厌倦。

（2）讨论过程中部分成员所表现出的激进和对抗性辩论模式，是工作中的挑战也是激起其他成员热情的"抓手"，需要更好地平衡两方面的效用；要加强对持旁观者心态的小组成员的关注与鼓励。

（二）第二次小组活动：何为"信"

1. 参与成员

10名社区矫正对象。

2. 活动目标

通过情景角色扮演进行指导训练，加强对认知偏差、非理性行为的识别；总结学习收获并运用到实践中。

3. 具体活动

(1) 热身游戏:"狼来了"。小组成员讨论列举关于狼的故事并分组进行扮演体验,特别邀请扮演"狼"角色的成员分享内心感受。

(2) 案例分享:结合热身游戏体验,分享自己生活中所遇见的类似情况和自己的应对方式及感受。

(3) 国学研习讲座:组织小组成员参与主题为"中庸与自我驾驭——五常之'信'"的讲座。

(4) 成员分享感受:组织小组成员进行自我识别并发表对活动的感想,讨论法治观念和在刑意识的培养。

(5) 布置家庭作业:绘制自我行为调整列表计划。

(6) 评估:总结本次活动过程,小组成员分享收获,填写满意度评估表。

4. 社会工作者反思

(1) 分享环节需要给小组成员留有更多的时间;在理论联系实践的过程中进行研习是能够达到融会贯通的方式,国学研习讲座中的互动交流环节要让更多的小组成员参与进来,避免讲师"一言堂"。

(2) 讨论过程中部分成员所表现出的激进和对抗性辩论模式是促进交流的有效因素,但需要更好地进行控制,积极鼓励正向意见的表达,及时调节负面发言的影响。

(三) 第三次小组活动:为何"信"

1. 参与成员

10名社区矫正对象。

2. 活动目标

本次小组活动的目标是引导小组成员知法、守法;帮助小组成员了解自身存在的认知行为偏差,并尝试修正。

3. 具体活动

(1) 热身游戏:"见面礼"。小组成员分组演绎自我认知中古时的见面行礼动作,在小组讨论的场景下,增加小组成员彼此之间的了解,拉近小组成员的距离。小组成员的表现较第一次小组活动相比,放松很多。

(2) 案例分享:小组成员共同参与,谈论自己身边发生的有关"诚信"的故事。有的成员分享了自己因"失信"而受到的挫折,有的成员分享了因"诚信"而获利的故事。成员们从这些故事中获得了一些感悟。

(3) 国学研习讲座:一是讲解中庸坐姿,体验儒家气场;二是提炼生活口诀"真、善、美、爱",并通过解析这四点在日常生活中的体现及重要性,反映"诚信"在人的一生中的重要作用。

(4) 书法体验:组织全体成员分工协作完成全幅瘦金体版的《千字文》。当完整版的作品展现在小组成员面前时,整个活动的气氛达到了顶峰。

(5) 布置家庭作业:修改实施自我行为调整列表计划。

(6) 评估:总结本次活动过程,小组成员分享收获,填写满意度评估表。

4. 社会工作者反思

(1) 分享环节需要给小组成员更多的时间。

(2) 要鼓励小组成员多表达正向观点。

(四) 第四次小组活动:如何"信"

1. 参与成员

10名社区矫正对象。

2. 活动目标

通过正强化,让小组成员调整认知偏差、建立健康的行为模式;通过负强化,强化小组成员的情绪管理和自我行为调控能力。

3. 具体活动

(1) 热身游戏:"我猜,我猜,我猜猜猜"。该游戏的目标是增强小组成员的自我监督能力,认真记录一件平常不关注的事,并了解"我想要"背后的动机。

(2) 互动训练:一是"情绪温度计"。小组成员先通过互动讨论列出产生负面情绪的几个关键因素,再用手上的积分进行"拍卖"。该游戏可以帮助识别情绪,了解想法、情绪、行为之间的相互影响。二是"穿越火线"。小组成员分组列队站立,除了每队队首成员,其他人均蒙上眼睛,在各自队首成员的指挥下,按照次序"破坏"所布置的"纸杯地雷",期间任何成员不可以碰到自己要"破坏"的编号杯子以外的杯子,用时最少的队伍获胜。该游戏可以帮助体验控制和失控的感受,体验团队合作。三是"诚信脸谱",小组成员通过该活动学会认识需求的合理性,控制越界行为,并理解"自我驾驭"的重要性。

(3) 成员分享感受。

(4) 布置家庭作业:巩固自我行为调整列表计划的实施。

(5) 评估:总结本次活动过程,小组成员分享收获,填写满意度评估表。

4. 社会工作者反思

(1) 参与度问题。游戏互动可以降低阻抗,避免乏味的授课模式;社会工作者也可以参与其中,提高融入度。

(2) 时间上的配合问题。本次小组活动中,活动频率较为密集,在时间安排上需要及时做好沟通与协调,努力在时间和场地的确定上做到兼顾,确保活动的顺利开展。

(五) 第五次小组活动:信念合一

1. 参与成员

10名社区矫正对象。

2. 活动目标

小组成员分享自己的短期成长目标;回顾小组历程,进行整体总结归纳;学习如何制定明确、具体、实际、可行的行为目标;延续小组学习成果,自己跟自己"约法三章",约束自己的行为;回顾已有成效和改变情况,处理离别情绪。

3. 具体活动

（1）文庙参观。

（2）回顾小组历程:小组成员轮流发言。

（3）成员通过制作明信片表达对小组活动的理解和建议,交流将要开始实践的"自我驾驭"计划。

（4）国学讲师进行主题为"关键的自我驾驭"的巩固研习讲座。

（5）布置家庭作业:实践自我行为调整列表计划。

（6）评估:总结本次活动过程,小组成员分享收获,处理离别情绪,填写满意度评估表。

4. 社会工作者反思

（1）本次活动为本认知行为矫正小组的最后一次活动,主要目的是总结前几次活动的收获,并处理离别情绪。

（2）在服务过程安排上,可以将讲座环节调整至小组活动的前半部分,以达到对国学课程教学内容的梳理和归纳总结的目的;将小组历程回顾、成员分享和计划交流安排在活动的最后,以达到处理离别情绪的目的,为整个小组活动画上圆满的句号。

（3）应考虑到本次活动是最后一次活动,布置家庭作业的环节不太合理。可将此环节修改成国学老师或社会工作者对小组成员从进组到结束做出的改变、得到的提升以及仍需改进的部分进行评价,并出具书面点评,增强小组结束的仪式感。

（4）在跟进计划方面,需要做好对整个小组活动的评估与反思工作,并对小组组员进行回访。

七、小组评估

(一) 结果评估

本小组活动刺激小组成员产生了改变认知行为的动机。通过参与小组活动，社区矫正对象更好地理解了自身的现实状态，从回顾到衡量，从身体到心灵，对自我的识别逐渐清晰。

在此过程中，小组成员的道德观念也显著提升。通过"艺术疗法"和"环境体验"的互动模式，本小组活动有效加强了对信用卡诈骗类社区矫正对象的教育和引导，成员前后变化显著，从开始的抵触，到认真参与，再到小组结束时的"意犹未尽"，成员们收获了实践的价值。大部分成员表示，在活动中体验到了集体的温暖，以后会以一颗感恩的心去对待人和事，做事讲信用。大部分成员的认知行为得到了一定的矫正。

1. 深化了对诚实守信观念的理解

有小组成员在与社会工作者后续的个别交谈中表示，通过此次小组活动，他了解了儒家文化对诚实守信的理解。之前觉得信用卡套现，欠款不还，没什么大不了，甚至觉得是一个"轻松来钱"的方法，但这次活动改变了他的想法。

2. 增强了矫正对象的认罪悔罪意识

社会工作者在小组活动中观察到，部分成员对信用卡诈骗类犯罪的认罪悔罪意识加强，对其错误行为有了新的认识，并愿意积极承担相应的法律责任。这种认知上的改变，有助于降低再犯率。

(二) 过程评估

从每次活动结束后小组成员填写的满意度调查问卷中可以看出，成员对活动的内容和社会工作者的工作态度都较为满意，成员们表示活动形式多样、内容丰富、针对性强、由浅入深、循序渐进,并且从中感受到了自身认知的变化。

通过集中学习儒家文化,小组成员感受到了中华文化的博大精深,更意识到了自己所犯错误的严重性。

从小组成员每月上交的书面报告可以看出他们的思想有明显的转变,从一开始觉得"不过是逾期还款",没有重大罪错,到现在认识到恶意透支是一种贪财性犯罪,小组成员们的罪错意识得到了提升。

八、小组反思

(一)小组活动执行前,成员们的参与积极性较低

部分小组成员是经司法所劝说才参与小组活动的,并非自愿参与,因此他们的积极性较低,这对小组活动的开展有一定影响。在小组活动开始后,部分成员积极性不高,主动发言的意识较弱,社会工作者需要努力调动这部分成员的积极性,邀请他们分享各自经历。

(二)小组活动执行中,对活动内容的把握与掌控有待提升

每次小组活动都制定有小目标,活动内容的完成与小组开展的效果密切相关,因此社会工作者需要特别注意如何通过活动实现小组目标。小组活动往往无法演练,如果社会工作者对活动细节未进行提前考虑,就容易导致活动过程中出现意外,影响活动进程,同时也会影响成员的情绪,以及成员对社会工作者甚至小组的信任感。因此,在开展小组活动时,社会工作者应注意对活动的掌控,衡量具体活动的可行性,从而及时发现问题并做出调整,保证小组活动的完成度和有效性。

(三)小组活动结束,成员在互动形式方面参与度较强

小组成员在活动临近结束时,对一些体验式的内容,如书法绘画体验、

分组竞赛等能够积极投入,参与度较强,成员间的紧张与陌生感完全消失,可以很好地将理论知识与实际相结合。但将认知行为理论与儒家思想相结合,并在小组活动中严格实施这一策略就略显薄弱,缺乏实践经验,理论知识也不够深入,需要继续加强相关方面的学习。

最后,负责本小组的社会工作者认为,成为一名优秀的社会工作者,需要不断学习和提高自己的专业能力,同时也需要具备一定的人际交往能力和情绪管理能力。

(作者:高 敏)

浸润传统文化　滋养心灵之花

——儒家思想在社区矫正中的应用

一、小组背景

19世纪中叶,美国缓刑之父约翰·奥古斯塔向法院申请对酗酒者保释以进行感化教育,这被视为社区矫正服务的开端。二战后,以社区矫正为主的非监禁刑罚逐渐取代了监禁刑罚,成为新时期的主要刑罚制度之一。① 社区矫正是一种不使罪犯与社会隔离,并利用社区资源改造罪犯的方法,它能更好地提供人道主义服务,恢复矫正对象的社会功能,促进矫正对象顺利回归社会。

而儒家学派提倡"仁""礼""中庸"等思想,其重人伦、讲秩序的核心价值理念和思想行为规范具有深厚的社会基础和广泛的社会适应性。② 将儒家文化与社区矫正有机结合,针对女性社区矫正对象来开展分类教育具有重要的现实意义。本案例是对上海市H区女性社区矫正对象的介入,通过分析传统文化在改变社区矫正对象认知行为方面所起的作用,以及社区矫正对象在参加小组活动后的其他实际改变,初步探索传统文化在社区矫正中的应用。

中华优秀传统文化不仅思想深邃圆融,内容广博,还弘扬道德,为民众提供了立身处世的行为规范,是中华民族最终的精神归宿。其中,儒家思

---

① 张昱、费梅苹:《社区矫正实务过程分析(第二版)》,华东理工大学出版社2008年版。
② 李克建:《儒家民族观的形成与发展》,西南民族大学2008年博士学位论文。

想的精髓主要体现在"仁""礼""中庸"这三方面。仁为爱人,礼是社会的道德秩序,中庸则是遵循人的本性为自然的道理。针对H区女性社区矫正对象文化水平普遍较低、对儒家文化知之甚少、规矩意识较弱、自我认知存在偏差等问题,社会工作者希望借助优秀传统文化进行感化教育,提升小组成员的内在涵养,并树立规矩意识。

二、参与对象及招募方法

本小组为封闭性小组。

本小组聚焦女性社区矫正对象,活动开展前期由各街镇社会工作者对全区在册女性社区矫正对象的个人情况(年龄、案由、教育背景、心理状况、家庭情况等)进行细致排摸。经过筛选,最终确定10名同质性较高的女性作为小组成员。

三、小组目标及目的

(一)小组目标

第一,帮助小组成员重新认识自我的需求。
第二,帮助小组成员提升社交能力及自我意识。
第三,帮助小组成员在活动中收获更多的知识以及经验。
第四,帮助小组成员摆脱自身的非理性信念,接纳自我,找回自信。

(二)小组目的

了解小组成员的问题与需求,帮助小组成员解决心理以及行为上的问题。

四、理论依据

(一) 理论观点

1. 小组动力学理论

小组动力学是描述小组过程中各种因素和力量的相互关系的理论,其创始人美国心理学家勒温强调:要了解和预测一个人的行为,就必须看到他和环境之间的互动。人既是个体的存在,也是小组的存在;而环境既是物理的、心理的,也是社会的。个体不是孤立的个别属性的机械相加,而是在一定的生活空间里组织成为一个完整的系统。

2. 社会学习理论

美国社会心理学家班杜拉的社会学习理论强调,个人的行为是由个人与环境的交互作用决定的,即行为、环境与个人内在因素三者相互影响。人的大部分社会行为是通过观察他人、模仿他人而习得的。人的行为,特别是人的复杂行为主要是后天习得的。行为的习得既受遗传因素和生理因素的制约,又受后天经验环境的影响。生理因素的影响和后天经验的影响在决定行为上微妙地交织在一起,很难将两者分开。

3. ABC 理论

美国临床心理学家艾利斯在 1955 年提出了 ABC 理论,他主要想表明人的情绪结果(C)、行为事件(A)以及信念系统(B)之间的关系。一般认为,人们的情绪结果是由行为事件导致的,但该理论却认为情绪在本质上是由信念系统所引发的。

4. 马斯洛需求层次理论

马斯洛需求层次理论将人的需求划分为五个层次,由低到高分别是生存需求、安全需求、社交需求、尊重需求和自我实现需求。只有低层次的需求被满足之后,才会产生高层次的需求。

(二) 理论运用

第一，通过开展小组活动可以将选定的小组成员放入一个积极向上、充满正能量的环境中，从而达到潜移默化地改变成员的效果。在一个稳定的小组中，小组的动机强烈地连接在一起，以致很难将小组的目标与个人的目标清楚地分开，所以要改变个人应先使具体的小组发生改变，而这远比通过直接改变个人要容易得多。小组动力学理论是小组工作的主要推动力。小组工作的顺利进行与小组动力分不开。动态动力与静态动力相结合构成了整个小组活动的内容，同时也推动着小组活动的进行。

第二，小组工作中，成员们分享着彼此的经历、想法和感受，由此形成了一个丰富的资源库，可以为每个成员提供学习的榜样或经验的借鉴。此外，儒家思想作为中华优秀传统文化的主流思想，既是中华民族的精神财富，也为后人在为人处世、行为规范等方面树立了标准，其内涵精髓值得学习与传承。在小组活动过程中，每个成员都会表现出某种适应和非适应性的行为；同时，每个成员既是行为观察者，也是学习者，所有人都可以结合自身特点，从众多的思想和行为中寻找榜样，进行观察学习，增强个人的社会适应性，获得成长。

第三，社区矫正对象之所以出现各种消极心理，主要是因为他们对犯罪行为的看法以及他们所认为的他人对自己的看法出现了偏差。因此，社会工作者需要帮助他们摆脱非理性信念，改善自我认知，重新认识自己。只有自我接纳，才能真正找回自信。

第四，社会工作者将儒家文化中的"仁""礼""中庸"等思想融入小组活动，既能提升小组成员的文化涵养，又能以此满足他们的社交需求和自我实现需求。

五、小组计划

本小组名称为"浸润传统文化，滋养心灵之花"社区矫正小组，计划开展五次活动,表 10-1 展示了具体的活动计划。

第一次活动主题为"相聚是缘"。首先通过"画手"小游戏和简单自我介绍以达到"破冰"效果,并确立小组目标、建立契约、讨论保密原则。之后社会工作者安排成员叙述影响自己的生命大事记。这可以调动所有人的情绪,以便社会工作者顺势利用理性情绪治疗模式,帮助她们修正非理性信念,建立适当的情绪反应,并鼓励她们多向他人询问对自己的看法。这种做法的目的在于帮助小组成员勇于表达自我,重新认识自我。

之后三次活动的主题分别为"文化之美——传播文化,承袭美德""礼仪之美——谦恭有礼,仪态万千""手作之美——香飘四方,情系心间"。通过开展《弟子规》节选学习、名师授课、香囊制作等形式多样的活动帮助小组成员提高自我素质和修养,摒弃不良习惯。

最后一次活动的主题是"有缘再相聚"。这次活动主要是巩固成员在小组中所学的内容,让她们分享自己的感受,处理离别情绪,保持对生活的信心。

表 10-1 "漫润传统文化,滋养心灵之花"社区矫正小组活动计划

活动节数	活动主题	活动目标	活动主要内容
第一节	相聚是缘	1. 成员相互认识,消除陌生感 2. 营造轻松、温暖的小组氛围 3. 澄清成员的需求和小组目标 4. 建立契约和讨论保密原则	1. 介绍小组目标 2. 成员自我介绍 3. 成员分享生命大事记 4. 订立小组活动契约,建立小组规范
第二节	文化之美——传播文化,承袭美德	1. 陶冶情操,提高自我修养 2. 深刻认识五种最基本的品格和德行 3. 在一定程度上了解家风,并将其内化	1. 回顾上节活动 2. 学习《弟子规》节选 3. 分享感受

（续表）

活动节数	活动主题	活动目标	活动主要内容
第三节	礼仪之美——谦恭有礼，仪态万千	1. 学习礼仪知识，提升文化涵养	1. 回顾上节活动 2. 名师授课：礼仪之美 3. 角色扮演：感受礼仪之美 4. 互动游戏：投壶 5. 分享感受
第四节	手作之美——香飘四方，情系心间	1. 讲授传统节日的由来与意义 2. 增进成员之间的情感，在交流沟通中提高人际交往能力 3. 提高成员的生活品位，丰富业余生活，培养兴趣爱好	1. 回顾上节活动 2. 成员分享对端午节的认识 3. 社会工作者详细讲述端午节的由来与意义 4. 一起动手制作香囊 5. 分享感受
第五节	有缘再相聚	1. 巩固成员在小组中的所学 2. 处理离别情绪 3. 总结与分享活动带来的成长与收获	1. 回顾整个小组活动历程 2. 成员分享参与此次小组活动的感受 3. 成员互赠卡片，送上寄语与祝福

六、小组实施过程

（一）第一节："相聚是缘"

本节活动的目标是让成员之间相互认识熟悉，消除陌生感，营造一个轻松、温暖的小组氛围；澄清成员的需求和小组目标；建立契约和讨论保密原则。具体活动是：第一，介绍小组的目标。让成员们明白本次小组活动要完成的事情。第二，让成员们进行自我介绍，相互了解。第三，成员们分享生命大事记，分享人生中遇到的令自己印象深刻的事情，促进成员间的相互了解。第四，订立小组活动的契约，建立小组规范。

(二) 第二节:"文化之美——传播文化,承袭美德"

本节活动的目标是陶冶成员的情操,提高自我修养;让成员们深刻认识五种最基本的品格和德行;在一定程度上了解家风,并将其内化。具体活动是:第一,回顾上节活动的内容,让成员们快速进入状态。第二,通过学习《弟子规》节选,让成员们了解认识五种最基本的品格和德行,并将这些优秀的品格和德行内化,提高自身修养。第三,让成员们分享自己对本节活动的感受以及学到了哪些知识。

(三) 第三节:"礼仪之美——谦恭有礼,仪态万千"

本节活动的目标是帮助成员们学习礼仪知识,提升文化涵养。具体活动是:第一,回顾上节活动的内容,让成员们快速进入状态。第二,名师授课,学习礼仪,提升成员的自身修养,规范行为举止。第三,角色扮演,在老师的带领下,各位成员通过扮演不同的角色来感受礼仪在日常生活中的作用以及礼仪之美。第四,互动游戏,在社会工作者的带领下,成员们进行投壶游戏,加深对传统文化以及礼仪的认识。第五,成员们分享自己在本节活动中的感受以及自己的成长。

(四) 第四节:"手作之美——香飘四方,情系心间"

本节活动的目标是讲授传统节日的由来与意义;增进成员间的感情,并提高人际交往能力;提高成员的生活品位,丰富业余生活,培养兴趣爱好。具体活动是:第一,成员们分享对端午节的认识。第二,社会工作者在成员分享的基础上进行补充,详细讲述端午节的由来与意义,加深成员对端午节的认识与了解。第三,制作香囊,在社会工作者的带领下,成员们一起制作香囊,提高成员对小组活动的参与感和对传统文化的认识,感受传统文化的魅力。

(五) 第五节:"有缘再相聚"

本节活动是整个小组活动的最后一次活动,目标是巩固成员所学,处理离别情绪,总结与分享活动中的成长与收获。具体活动是:第一,通过照片展示,帮助成员们回顾整个小组活动的历程。第二,每位成员分享自己的成长以及在小组活动中学到的内容。第三,成员们互赠卡片,送上寄语与祝福,处理离别情绪,小组活动圆满结束。

七、小组评估

整个小组活动的评估不仅采用了小组满意度自我评价量表和志愿者问卷调查表的方式进行,还结合了小组成员所在司法所工作人员的反馈意见。通过小组满意度自我评价量表可以了解成员对小组的认可度和在小组中的收获,通过志愿者问卷调查表可以获悉小组的改进方向,通过收集司法所工作人员的反馈可以掌握成员的矫正表现。总体而言,参与本小组的 10 名社区矫正对象在情绪、行为、认知等方面都有了一定程度的改变,基本实现了预定的目标。具体成效如下:

(一) 接受社区矫正的自觉性提高

学习中华美德文化后,小组成员从思想上重新认识了自己的犯罪行为,认识到自己的行为会给自己和他人造成很大的伤害,不符合社会要求,达到了教育矫正的效果。根据成员们所在司法所的反馈,参与小组活动后,这些女性矫正对象能严格遵守社区矫正各项规章制度,积极配合司法所完成各项矫正任务,且能主动与司法所工作人员交流自己的日常动态和思想情况。

(二) 知识水平和文化素养提升

在后续的跟踪访谈中,社会工作者发现,绝大部分成员都表示她们在小组活动中收获了很多,也纷纷表示会将所学知识运用到日常生活中,自信心也有了提升。

成员严某表示:"现在每天都会给儿子讲睡前故事。双休日在家会抽空和儿子一起学习《弟子规》,这在以前是想都不敢想的,因为自己文化水平低怕教坏儿子,现在很享受这份亲子乐趣。"

成员刘某表示:"那是我第一次制作香囊,很有成就感,没想到平时大大咧咧地自己也能静下心来做这个,感觉收获了很多。"

成员王某表示:"通过'手作之美'活动,我明白了端午节的由来。我国的很多传统正在流失,希望以后能在日常生活中发扬传统文化。"

成员刘某某表示:"我很热爱中国传统文化,很享受此类活动,以后也会积极参与。"

(三) 情绪管理能力和人际交往能力增强

参与小组的 10 名女性对象完成了与小组共同成长、共同转变的计划。她们刚加入小组时大多表情严肃,但是随着小组活动的推进,她们从被动参与变为了主动投入,从不愿发言变为了积极分享,情绪管理能力也有了明显的提升。一个小组就是一个小社会,成员之间由陌生到熟悉、由防备到信任、由不愿交流到畅所欲言,正是小组动力理论的有效实践,也是成员们人际交往能力增强的结果。

八、小组反思

(一) 社会工作者的角色作用

如何设计并带领小组,如何引导小组成员积极参与互动,使小组朝着既定的目标发展,让小组成员能够通过小组活动有所收获,与社会工作者

对自己在小组中的角色的理解和运用有密切联系。① 在本小组中,社会工作者扮演了多重角色,具体有以下几种:

1. 协调者

在小组工作过程中,由于小组成员各自的背景、特征、习惯、观点、期望不同,沟通会很复杂,互动时难免产生分歧甚至对立,因此社会工作者要善于根据小组发展的不同阶段采取相应的措施协调各种关系。比如,在投壶游戏中,成员因对游戏规则的理解程度不同而引发矛盾,但由于此时成员关系较稳固、小组凝聚力较强,因此社会工作者无须急于介入,可以应静观其变。让成员们直面矛盾,有助于帮助他们学会应对问题和冲突,提高解决问题的能力。

2. 支持者

由于小组工作可以增强人与人之间的联系、合作与互助,因此社会工作者在小组中还扮演着支持者的角色。支持,对参与小组活动的成员树立信心、增强勇气意义重大。它常常表现为对成员的积极行为进行鼓励。这种鼓励还可以激发小组成员间的相互鼓励。比如,在第一节和第三节小组活动中,有些成员因为害羞和自卑而不愿展示自己,此时社会工作者要及时给予她们鼓励的眼神和微笑,用身体语言引导她们积极表达自己,敢于面对问题,探求问题的根源,并最终解决问题。

3. 指导者

成员参加小组的动机是探索自我、提升能力、取得收获。为成员提供信息、经验、方法是社会工作者的责任。成员们虽然可以通过彼此交流受益,但这些交流往往带来的是支持性的帮助。当成员遇到难题而征求社会工作者的意见或进行咨询时,社会工作者就会成为大家心目中的指导者。比如,当小组成员对学到的知识理解不够深刻时,就需要社会工作者进行引导。

---

① 蓝云曦:《社会工作者在小组工作中的角色》,载《西南民族大学学报(人文社科版)》2007年第11期。

(二）活动的局限性及注意事项

1. 成员的非自愿性参与会影响活动质量

本小组活动的成员均为女性社区矫正对象,她们由各街镇司法所报送并经过社会工作者筛选成为小组一员,因此属于非自愿型参与。在小组开始阶段她们往往并不清楚活动的目的及意义,这提高了小组开展的难度。

此外,成员们因为自己的特殊身份及出于对隐私的保护,在小组初期出现了参与度不高、沉默且被动、防卫心理严重等现象,导致活动几遇冷场,不利于形成一个凝聚力高、归属感强的小组。好在通过社会工作者的积极引导,小组活动得以顺利展开。后来经考虑,社会工作者及时调整了小组活动的内容,邀请了志愿者一起参与,通过志愿者的分享与发言调动了社区矫正对象的参与积极性,让她们对小组产生了认同感,之后形成了一种畅所欲言的小组氛围。

2. 评估主体单一,缺乏准确性

本小组从矫正对象角度进行了评估,通过问卷和访谈法的形式了解了矫正对象的变化和活动的效果,但是没有对社会工作者的工作能力进行评估,也未从第三方的角度对活动进行多方位评估,评估结果缺乏准确性。

社会工作者处于小组的核心位置,有指导小组发展、制定小组活动计划、统筹小组活动具体程序和把控细节的责任,要始终秉持"助人自助"的工作理念,以接纳、尊重的价值观引导成员走出困难,发现自我潜能,促进自我发展。本小组利用传统文化的教育意义,运用科学的助人方法,帮助女性社区矫正对象提升了文化素养和自我涵养,也树立了规矩意识,具有一定的推广价值。

(作者:吴　佳)

《论语》的教诲 文以化之
——社区矫正白领群体的社会工作服务

一、小组成立背景

白领犯罪的概念最早由埃德文·H.萨瑟兰提出。在《白领犯罪》一书中,他将白领犯罪定义为:有着较高社会地位且受社会尊敬的人在其职业活动中的犯罪行为。① 美国司法界之后在此定义的基础上作出了修改:白领犯罪是一种或一系列采取隐瞒、欺骗或骗取信任等方式,以非暴力和非武力的手段非法获得金钱和财物,或者避免付出金钱和财物,从而确保获得个人的或商业组织的利益和优势的行为。在新的定义中,白领犯罪不再强调犯罪主体的受尊重程度,以及是否是在职业活动中实施的犯罪行为,而是与犯罪方式和手段紧密相关。

近年来,随着科学技术变革步伐的加快,以及全球经济与社会发展的日益联结,世界范围内的白领犯罪率快速上升。我国白领群体犯罪率的上升,亦与经济和社会的快速变迁密切相关:物质生产与消费的繁荣、技术的进步迭代加速、经济与社会系统持续复杂化和专业化、新兴产业和行业接连不断地出现,使得犯罪活动的内容和形式不再局限于自古以来就有的侵害人身和财产权益的严重暴力犯罪,非暴力的、活跃在经济领域的、与白领职业和职务相关的犯罪日渐增多,即白领犯罪与经济犯罪、职务犯罪等形态高度关联,成为社会关切的热点问题。

---

① 〔美〕埃德文·H.萨瑟兰:《白领犯罪问题》,成良文译,载《河南公安学刊》1992年第3期。

我国白领犯罪集中的领域主要有：商业贿赂、内幕交易、经济诈骗、贪污受贿、渎职等。犯罪者的特征包括：受过较良好的教育、有较稳定和受人尊重的职业、具有某一领域的专门知识和技能、有较丰富的社会交往网络、长期从事与经济或其他专门领域相关的工作。白领犯罪常具有隐秘性，不易被发现和识别，常出现在新兴事物频现的领域，由于法律和社会规范具体有滞后性，有时甚至难以区分罪与非罪。与杀人、抢劫、绑架等以暴力侵犯他人人身和财产自由的犯罪相比，白领犯罪一般不具有暴力性、无特定的受害人，因而其犯罪行为及后果的严重性常未得到足够重视。

二、小组理论背景

以犯罪行为的发生原因为研究对象，有诸多理论观点，社会文化是其中一个重要视角。文化是一个内涵丰富、外延宽广的概念，广义的文化指的是人类在社会发展过程中创造的物质文明和精神文明的总和，狭义的文化则是指人类在物质文明基础上创造的精神文明成果。思想、观念、意识的生产最初是直接与人们的生产活动、社会交往以及现实生活的语言交织在一起的。由此可知，特定的文化传统与物质生产方式及人们的生存生活方式密切相关，在此基础上形成了文化的多样性和差异性。

严景耀认为："犯罪与文化的关系深刻而又密切……犯罪不是别的，而是文化的一个侧面，而且因文化的变异而发生异变。"[①]这一论断深刻地指出，人的思想、意识和行为是文化熏染的结果，犯罪行为受到文化环境的深刻影响，进一步而言，不同形式的犯罪行为可能是特定文化背景的产物。具体而言，杀人、抢劫、绑架等暴力型犯罪者，通常受到过暴力亚文化的迫害，或有被教养和习得暴力亚文化的经历。与之相似，与经济犯罪、职务犯罪等非暴力犯罪形态高度相关的白领犯罪，亦与在白领群体中流行的特定文化紧密关联。

---

① 严景耀：《中国的犯罪问题与社会变迁的关系》，北京大学出版社1986年版，第16页。

白领群体普遍受过较良好的教育,掌握某一领域的专门知识和技能,从事收入较高且受人尊重的工作,追求较体面和舒适的生活。高职业收入、高质量工作、高品质生活是白领群体的主导文化,这种文化一方面有利于激励白领群体努力工作,以获得更好的生活,但另一方面也可能导致白领群体容易以经济价值为中心,过度关注经济和物质生活。白领群体在工作中因为拥有良好的职业和较高的职位,具有一定的权力和权威,因而面临的经济犯罪和职务犯罪的机会和诱惑更多。白领群体追求体面舒适的生活,也易受极端个人主义、享乐主义思潮的影响,进而出现价值观的迷茫和行为的偏差,甚至引发犯罪。

三、小组准备及需求调研

2017年,新航社会工作者团队走访上海市Y区多个街道和社区展开调研,发现社区矫正对象中存在一个特殊的群体,他们相比其他社区矫正群体而言,受过较良好的教育,原本拥有收入较高且受人尊重的工作,过着较体面和舒适的生活,社会经验和阅历颇为丰富。这一群体就属于白领犯罪群体。调研发现,白领犯罪群体具有独特的个人属性和社会属性,他们的问题和需求亦呈现出一定程度的独特性。与传统的社区矫正对象及其家庭常面临的经济困难、就业困难、社会支持不足、心理情绪脆弱等问题和困境相比,社区矫正白领群体在物质救助、就业帮扶、资源链接、心理疏导等方面的需求并不突出。

新航社会工作者团队之后进一步与十数名白领社区矫正对象及其家庭进行了深度访谈,同时与街道、社区、社区矫正中心等的社区矫正小组工作者也进行了谈话。调研结果显示,社区矫正白领群体存在的突出问题主要有:第一,有过强的自我意识和自信,不能认识到自身存在的问题,认为自己拥有丰富的知识、技能、经验和阅历。第二,价值观存在偏差,认为物质和经济财富是一个人主要的、核心的价值所在,自己的经济基础较好、社会身份和地位较高。第三,规则意识薄弱,在自我意识层面自视甚高,甚至认为可以忽视法律与规范,无法真正认识自己行为的过错及给他人和社会造成的严重后果,不善于反思自身的偏差行为,即使已受到刑事惩罚和制裁,对犯罪悔改和矫正也不重视。

概言之,社区矫正白领群体的需求,主要不在于物质帮扶、心理疏导、关爱和归属等方面,而在于需要良好文化的熏陶和指引,以及形成正确的价值观。社区矫正白领群体深受功利主义、享乐主义、拜金主义、权力主义等亚文化思想的影响,往往由于价值观发生偏差而实施犯罪。在需求分析的基础上,新航社会工作团队计划以文化视角为理论指引,设计文化矫正小组工作,帮助目标群体和服务对象调整价值理念和树立规则意识。

四、小组方案设计

新航社会工作者团队计划设计一个名为"《论语》的教诲"的教育小组。将《论语》作为教育小组的品读素材,主要有以下原因:一是《论语》是孔子及其弟子的思想和对话的记录,作为国学经典,包含着积极的人生态度和人生理想,蕴藏着深刻的中华优秀传统文化智慧。二是《论语》记录的是孔子及其弟子的思想和对话,篇章虽短但意蕴深远,文中诸多思想和对话独立成章,便于灵活地阅读。三是小组成员的受教育程度较高、职业地位较高,有良好的阅读、理解、认知和思考能力,品读《论语》有现实的可行性。

在主题确定的基础上,新航社会工作者团队设计了小组方案:

(一)小组名称

"《论语》的教诲"教育小组

(二)理论基础

本小组以认知行为理论为理论基础。认知行为理论的基本假设是:个体的认知、情绪和行为三者紧密相关,认知是情绪和行为的联结点,具有极为关键的作用。认知影响着个体情绪和行为的表现,非理性的情绪和不良的行为常与偏差的认知密切关联,通过调整认知可缓解或解决个体的情绪和行为障碍。进言之,认知深受文化的影响,文化能调整服务对象的认知,并以此为基础帮助目标群体发展理性情绪及适宜行为。

(三) 小组目标

"《论语》的教诲"教育小组的矫正目标是:通过教育小组的方式实施文化与再社会化的教育,帮助社区矫正白领群体顺利度过矫正期、完成矫正任务、早日回归并融入社会,同时维护社会稳定、预防再犯。

根据矫正目标,本小组的总目标定为:通过中华优秀传统文化的熏陶,帮助服务对象突破原有的认知局限,针对非理性的认知展开辩驳,重新建立良好的认知体系,掌握法律知识,树立法治观念,形成正确的世界观、人生观和价值观,同时增强对自身、家庭、社区和社会的责任感。

在小组总目标的指导下,本小组又拟定了需要实现的分目标:一是通过文化自省与心理测试,了解现实自我与理想自我的差距;二是通过对经典文本的学习,对照自己的待人处世之道,了解自身存在的不合理信念,并改变不合理的信念及行为模式;三是学习经典文化的智慧,提高与人交往的能力。

(四) 招募成员

社会工作团队发现,上海市J区的社区矫正对象中存在着一群高学历、高收入、高能力人员,他们普遍的问题是盲目自负,负罪感和愧疚感低,存在认知偏差,无法正确认识自己的犯罪行为及其造成的严重后果,未能认识到认罪、悔罪、赎罪的重要意义和价值。因此,社会工作者团队决定在J区范围内拟招募符合条件的人员,开展教育小组活动。

具体招募和选取成员的过程是:首先,将小组招募成员的标准公布于新航在J区各街道的社会工作者站站长群,请各社会工作者站站长及资深社会工作者分别进行招募和初选。其次,将初选名单报至"《论语》的教诲"教育小组工作组进行复选,将符合要求的对象与小组计划开展的时间进行配对,以保证小组成员的参加率。最后,全区共选出9名人员参与小组活动。

(五) 小组地点

某社区文化活动中心。

(六) 计划安排

小组计划实施6周,方案计划如表11-1所示:

表11-1 "《论语》的教诲"教育小组的方案计划

计划服务时间	计划服务内容
第1周	认知自我反省
第2周	认知人生理想
第3周	认知处世之道
第4周	认知待人之道
第5周	认知沟通之道
第6周	感悟与省思

五、小组实施过程

"《论语》的教诲"教育小组共组织了6次活动,活动具体开展过程如下:

(一) 第一次小组活动:见贤思齐焉,见不贤而内省也

《论语·里仁》有云:"子曰:见贤思齐焉,见不贤而内省也",即见到有贤德的人,就应当向他学习;见到缺乏贤德的人,应当反思自己是否也有类似的不足。进言之,人首先应当正确地认识自己,看到自己的优点和缺陷;在观察他人时,看到良好的品德和行为应尽心向他学习,看到不良的德行则要反省自己是否会犯同样的错误。品读《论语》中"见贤思齐焉,见不贤而内自省也"的思想可以帮助服务对象理解理性,正确地认知自我。

1. 活动目标

让服务对象理性认知自我。

2. 活动内容

第一,在暖身冥想后,社会工作者介绍小组的背景、目标和内容等,并介绍自己的身份,与小组成员签订小组契约。

第二,每个小组成员为自己选取一个标志物(动物、植物等),为自己设计一个个性签名(诗、词、名言、格言、成语等)。

第三,每个小组成员说明自己选择标志物的理由,说明自己与标志物的关系,社会工作者讲解"理想自我"的概念,引发小组成员的思考。

第四,社会工作者讲解"房—树—人"的绘画实验,让小组成员画出"房—树—人",社会工作者讲解画的隐喻,引发小组成员思考"现实自我"。

第五,社会工作者总结本次小组活动的内容,提醒小组成员进一步思考"理想自我"与"现实自我"的差距,对"真实自我"进行反省。

第六,布置家庭作业,阅读《论语》中与"君子"有关的思想。

3. 活动过程

第一,社会工作者播放了约4分钟的冥想音乐,让小组成员静心将注意力聚焦于当下,进行小组活动正式开始前的暖身。

第二,社会工作者介绍小组的背景、目标、内容及自己的身份,讲解关于小组活动的注意事项,随后组织小组成员签订了小组契约。这一环节,小组成员表现得较为沉默,但能配合完成工作。

第三,在自我介绍和相互认识的环节,小组成员表现得较为认真和投入。为了遵守保密的伦理原则,消除小组成员后续分享的顾虑,社会工作者邀请小组成员从《论语》等国学典籍中选取了合适的代号,并以代号进行互动。社会工作者在讲解"理想自我"概念的过程中,小组成员也能保持高度的关注,没有形成次团体。

第四,在"房—树—人"绘画投射测试中,小组成员能保持较高的投入度,但之后的分享环节小组成员的参与度不高,还有所顾虑,不愿意分享。

接着,社会工作者对解读"房—树—人"的方法,以及"现实自我"的概念进行了详细的讲解。

第五,社会工作者对本次活动进行了总结,并布置了家庭作业。这一环节小组成员给予了反馈,表示有所收获。小组第一次活动结束。

4. 活动反思

第一次小组活动整体运行良好,小组成员的投入度和参与度较高,基本达到活动的目标。需要提升的方面主要在于:小组成员出于对个人隐私保护的顾虑在分享环节投入不够,可考虑加强互动。

(二)第二次小组活动:君子之道与人生理想

《论语·宪问》有云:"子曰:君子道者三,我无能焉:仁者不忧,知者不惑,勇者不惧",即君子是仁者、智者和勇者。《论语》中还有多处论及君子与小人的比较,如"君子喻于义,小人喻于利。""君子坦荡荡,小人长戚戚。""君子求诸己,小人求诸人。""君子成人之美,不成人之恶;小人反是。""君子和而不同,小人同而不和。""君子泰而不骄,小人骄而不泰。"等。君子是中华优秀传统文化,尤其是儒家文化中理想人格的象征。

1. 活动目标

比较《论语》中君子与小人的区别,探讨理想自我与现实自我的差距,通过自省了解自身存在的问题。

2. 活动内容

第一,开场白,回顾上一次活动的内容。

第二,暖身游戏,进行"叠罗汉"活动,增进小组成员彼此熟悉的程度。

第三,展示上一次活动的家庭作业,每个成员分别在黑板上列出《论语》中"君子之道"的标准,讨论君子与小人的差异。

第四,认清"现实自我",进行"我的五样"心理测试,澄清自身的价值观,明确究竟何物才是自己最珍贵的东西。

第五,社会工作者总结本次活动的内容,引导成员思考:如何才能保护、维护好自己珍贵的东西，找到自己的人生方向和人格理想。

第六，布置家庭作业，继续阅读《论语》中与"君子"有关的思想。

3. 活动过程

第一，小组开始时，社会工作者播放了约4分钟的冥想音乐，让成员静心，为开启小组活动暖身。

第二，回顾上次活动的内容，此环节成员表现较沉闷，但能配合完成。

第三，进入互动环节，成员表现得认真且投入。在"叠罗汉"活动中，成员之间比较融洽，也能回忆起不同成员的代号。在随后的分享环节里成员能保持高度的关注，没有形成次团体。

第四，在"我的五样"测试中，成员能保持较高的投入度，在分享环节中也有较好的分享行动，能表达出自己的真实想法。

第五，社会工作者总结此次活动并布置家庭作业，成员反馈良好。

4. 活动反思

第二次小组活动中，小组成员的参与度有明显提升，成员之间熟悉程度增加，信任度及安全感有所提升，可适当增加互动环节。主要问题在于，个别成员仍然不能主动表达，社会工作者需加强引导。

(三) 第三次小组活动：君子的处世之道

《论语》有云："人不知而不愠，不亦君子乎？"君子不强求他人对自己的理解和认可。"君子有三戒：少之时，血气未定，戒之在色；及其壮也，血气方刚，戒之在斗；及其老也，血气既衰，戒之在得。"君子有所追求，亦有所克制。君子"贫而乐，富而好礼者也"。贫困时不改其乐，富贵时仍有礼节。"君子有三畏：畏天命，畏大人，畏圣人之言。"君子处世有敬畏之心，对秩序的尊重是对自身的约束。"君子之于天下也，无适也，无莫也，义之与比。"君子处世并不教条，行为适宜恰当即可。

1. 活动目标

学习和理解君子的处世之道。

2. 活动内容

第一,开场白,回顾上一次活动的内容。

第二,进行暖身游戏"成长",让成员在放松的同时,体会成长的不易。

第三,展示上一次活动的家庭作业,请每个成员分享自己最有感触的《论语》语句,并以自己的人生故事为例证。

第四,社会工作者总结本次活动内容,引导成员思考和内省,认识到自己在处世之道方面的不足。

第五,布置家庭作业,继续阅读《论语》中与"君子"有关的思想。

3. 活动过程

第一,小组开始时,社会工作者播放了约 4 分钟的冥想音乐,为开启小组活动暖身。

第二,回顾上次活动的内容,此环节成员表现得依旧比较沉闷,但能配合完成。

第三,进入互动环节,成员表现得认真且投入,成员间亦更为融洽,能表达自己的真实想法,也能进行较深入的分享,成员能将自己的一些切身经历与他人分享,并讲述自己的处置经验。在整个活动和分享过程中成员们能保持较高的投入度,没有形成次团体。

第四,社会工作者总结此次活动并布置家庭作业,成员反馈良好。

4. 活动反思

鉴于小组活动在深入到一定程度时,有成员在分享时依然存在顾虑,可考虑活动内容更柔和委婉一些,增加成员的安全感。

(四) 第四次小组活动:君子的待人之道

君子的待人之道,是《论语》中多处提及的。《论语》有云:"夫子温、良、恭、俭、让以得之。夫子之求之也,其诸异乎人之求之与?"君子待人有温、良、恭、俭、让的美德。"季康子问:'使民敬、忠以劝,如之何?'子曰:'临之以庄,则敬;孝慈,则忠;举善而教不能,则劝。'"君子待人庄严慈孝、举贤任能、耐心教化,所以能得到他人的敬重。"其恕乎!己所不欲,勿施于人。"君子推己及人,自己不愿意的,亦不施加于他人。

1. 活动目标

学习和理解君子的待人之道。

2. 活动内容

第一,开场白,回顾上一次活动的内容。

第二,进行暖身游戏"魅力指数",让成员在放松的同时,感受交友的标准。

第三,展示上一次活动的家庭作业,请每个成员分享自己最有感触的《论语》语句,并以自己的人生故事为例证。

第四,社会工作者总结本次活动内容,引导成员思考和内省,认识到自己在待人之道上的不足和可改善之处。

第五,布置家庭作业,继续阅读《论语》中与"君子"有关的思想。

3. 活动过程

第一,小组开始时,社会工作者播放了约4分钟的冥想音乐,为开启小组活动暖身。

第二,回顾上次活动的内容,成员能主动配合完成。

第三,进入互动环节,成员表现得认真且投入,能表达自己的真实想法,能进行较深入的个人体验和应对经验的分享。在整个活动和分享过程中成员们能保持较高的投入度,没有形成次团体。

第四,社会工作者总结此次活动并布置家庭作业,成员反馈良好。

4. 活动反思

小组成员相处融洽,能主动发言,无须社会工作者引导,表明小组已成长进入中期阶段。

(五)第五次小组活动:君子的沟通之道

君子的沟通之道在《认语》中也有迹可循。《论语》有云:"不患人之不己知,患不知人也。"不怕别人不了解自己,只怕自己不了解他人。"礼之用,和为贵。先王之道,斯为美,小大由之。有所不行,知和而和,不以礼节之,亦不可行也。"君子与人沟通,有礼有节。君子"敏于事而慎于言"。君子与人沟通时言语谨慎、做事勤勉。"君子矜而不争。"君子矜持庄重,不与人争执。

1. *活动目标*

学习和理解君子的沟通之道。

2. *活动内容*

第一,开场白,回顾上一次活动的内容。

第二,分享故事《短了2寸的裤子》,并引导成员思考。

第三,进行"盲人方阵"游戏,之后让成员分享感受,理解沟通的原理,社会工作者讲授"漏斗原理",引导成员讨论。

第四,品读《论语》,分享《论语》中关于沟通的思想内容。

第五,社会工作者总结本次活动内容,引导成员思考和内省:如何在日常生活里实践《论语》中的沟通理念和方法。

3. *活动过程*

第一,小组开始时,社会工作者播放了约4分钟的冥想音乐,为开启小组活动暖身。

第二,回顾上次活动的内容,成员能主动配合回顾。

第三,进入暖身环节,所有成员都能主动分享自己的经验和想法,整个活动和分享过程中成员都能保持注意力,没有形成次团体。

第四,社会工作者总结此次活动并告知小组结束的时间,成员反馈良好。

4. *活动反思*

所有成员均能主动发言和分享,无须社会工作者引导,小组运行良好,成员反馈收获良多,可以准备结束小组。

(六) 第六次小组活动:感悟和省思《论语》思想

1. 活动目标

感悟和省思《论语》思想的精髓。

2. 活动内容

第一,开场白,回顾上一节活动的内容。

第二,进行"撕纸游戏",并引导成员思考;让成员分享参与活动的感受,理解解决人际冲突的"黄金法则"。

第三,进行"复盘游戏",之后让成员分享感受,体会沟通的方法和技巧。

第四,品读《论语》,分享孔子思想的精髓。

第五,适当处理离别情绪,给予临别赠语。

第六,社会工作者总结整个小组活动。

3. 活动过程

第一,小组开始时,社会工作者播放了约4分钟的冥想音乐,为开启小组活动暖身。

第二,回顾上次活动的内容,成员能主动配合回顾。

第三,进入互动环节,由于成员已经知晓这是小组的最后一次活动,因此他们表现得非常积极、认真和投入。所有成员都能坦露内心,主动分享自己的经验和想法。在整个分享过程中成员能保持注意力,没有形成次团体。

第四,有成员表现出离别情绪,社会工作者给予积极反馈和干预。

第五,社会工作者总结整个小组活动的内容,与小组成员告别。小组活动结束后,有成员在单独交流时表示,参与小组活动收获良多,感谢社会工作者的付出。

4. 活动反思

最后一次活动中,小组成员积极性很高,整体完成顺利。当有成员存在离别情绪时,社会工作者能给予积极的反馈。

六、小组评估与反思

(一) 小组评估

第一,小组的预期目标达成,矫正成果显著。根据《矫正效果质量评估表》的前后测数据对比,小组成员的矫正效果有明显提升,提升率达到100%,其中最高阶段的效果得分提升了25分。经过6次小组活动,矫正对象接受了优秀传统文化的熏陶,通过对自身非理性信念的反思,获得了新的体会和经验,能够以优秀传统文化的思想智慧替代自身原本不合理的信念,初步养成了自省的习惯。

第二,小组的氛围融洽,成员参与程度高。从整体过程看,最开始的两次活动中小组成员的参与度不算高,存在一定的顾虑。但在社会工作者加强了对互动环节的设计后,问题得到基本解决。之后所有成员均能主动发言,分享自己的经验和想法,无须社会工作者过多地引导,整体气氛比较融洽。在每次活动后,社会工作者都会主动跟进,了解成员的感受和建议。社会工作者会在下一次活动中按照成员的需求进行计划的调整和方法的改进,以期让小组活动不断优化,更能符合成员的需求。每次活动后小组成员均反馈能够接受小组活动的内容,并愿意表达自身的想法、感受和需求。

第三,服务对象满意度高,服务效果可持续。从满意度问卷调查的数据看,单项满意度数值均在5分以上(最高为7分),其中单项满意度为7分的占比87%。从服务对象的现场反馈看,服务对象对小组活动的内容、时间安排、个人收获较为满意,对《论语》的思想内容也能接受,特别是对各种互动活动,如"房—树—人"绘画投射测试、"盲人方阵"等比较认可。从结案后跟进服务的访谈调研反馈看,小组成员普遍感觉《论语》值得好好品读,而且会让自己的子女阅读,一起学习。

（二）小组成效良好的原因分析

第一，文化的影响，促进价值观念转变。价值观是文化的核心，文化能潜移默化地改变个体的价值观念。"《论语》的教诲"教育小组活动通过进行优秀传统文化主题的互动式学习，将《论语》中的思想和智慧传递给接受社区矫正的白领群体。在多次互动式学习中，社区矫正对象逐渐内化了《论语》的思想和智慧，价值观在不知不觉间发生了改变。"《论语》的教诲"教育小组尝试将西方认知心理学与东方哲学相融合，通过发掘中华优秀传统文化的思想和智慧，运用认知心理学的方法和技术，更好地引导社区矫正对象反思和内省自身的非理性信念，重塑认知观念和行为。

第二，小组同伴的相互支持与正向强化作用。小组活动中的矫正对象存在盲目自负、不愿意自我反省等问题，但在参与小组活动后这些问题均有了改善。其中，小组成员的相互支持和正向强化发挥了重要作用。在开展小组活动的过程中，小组成员可以互相分享自己的经历和经验，互相学习与成长。来自同伴的支持和反馈能帮助他们更客观、理性地看待自己，重塑认知。小组建构本身就是一种发展的动力，随着小组活动的开展，小组成员之间的关系也逐渐变得融洽，成员们可以相互支持、相互影响，最终实现小组目标。

（三）小组的反思和完善

第一，创新小组社会工作服务的内容和形式。以文化视角实施社区矫正，将认知行为理论与中华优秀传统文化相结合，并应用于白领群体社区矫正工作的实践，在社区矫正社会工作服务领域是一次新尝试和挑战。社会工作者在小组工作中扮演了多重角色，如引导者、促进者、调解者等。中华优秀传统文化的典籍中蕴含着深刻的思想和智慧，即使是在现在亦能带给人们思考和体会。在开展此类小组时，社会工作者需加强自身的学习，理解和体悟传统文化典籍的思想精髓和应用之道，并将之准确地传递给小组成员。与此同时，此类小组对成员亦有一定的受教育程度的要求。此次小组活动的对象是接受社区矫正的白领群体,因而对活动内容接受度较好,取得了良好的成果。

第二,理论要和实践相结合,在理论学习的基础上不断推进实践。此次小组活动采用《论语》作为品读素材,是既考虑到《论语》的经典地位及对中华文化的深远意义,又考虑到人们对《论语》的熟知和喜爱程度的选择。在小组活动中,成员们均愿意品读《论语》,而且表示品读加深了自己对理想人格、处世之道、为人之道、沟通之道的认知和体会,并希望与子女一起阅读。在理论思想学习的基础上,小组活动还强调学以致用,通过互动游戏、分享活动、家庭作业等形式加强理论与实践的结合。

(作者:沈　琰)

艺成长
——徐汇区社区矫正对象教育成长项目

一、项目前期工作概述

在国家政策及上海市"三分教育""按需施教"理念的指引下，徐汇区计划实施"艺成长——徐汇区社区矫正对象教育成长项目"。本项目以"循证矫正"为依据，"分类矫正"为手段，"知行易径"为过程和方案，并融入表达性艺术治疗的方法，在社区矫正活动中以绘画、舞蹈、音乐、心理剧、DIY等艺术方式进行心理辅导，通过体验式、沉浸式的艺术参与帮助社区矫正对象加深自我了解，激发自我觉察，同时对犯因性问题进行解决，帮助矫正对象顺利回归社会。

项目团队接待社区矫正对象200余人，通过"生活压力事件量表"及"卡特尔16种人格因素测验"对他们的心理状态进行评估。通过评估可以发现，这些社区矫正对象主要存在以下问题：(1) 压力应对能力有待提升；(2) 对自己以及他人存在错误认知；(3) 与他人关系不和；(4) 自我认同与价值感较低。基于这四个方面的问题，项目团队确定了社区矫正对象的需求。

徐汇工作站以测评结果为依据，以心理矫正"CARE"模式为手段，建立起心理矫正"CARE"模式工作档案，将具有相同问题的矫正对象聚集在一起，通过开展小组活动等方法改变他们的不良行为与错误认知。

2020年12月，项目团队对国内外关于社区矫正的理论、模式与制度的文献资料进行了梳理，确定了本项目的理论与实践基础，即循证矫正与知行易径干预,并形成了"N3C"模型与"IREMA"需求模型。为使一线社会工作者更加明确项目开展的思路,项目团队与一线社会工作者于 2020 年 12 月 30 日在矫正中心开展了知行易径干预思想培训会议,对"IREMA"需求模型进行了解读,了解了该模型与徐汇区社区矫正对象的实际需求的一致性。

2021 年 1 月至 3 月,项目团队基于已有的研究文献、加拿大犯罪风险评估指标(LS/CMI)和社区矫正对象的特点,总结出本项目中社区矫正对象风险—需求评估工具的具体因子。其中,风险因子 8 个,需求因子 10 个,具体如表 12-1 所示。

表 12-1　风险—需求评估工具的结构

层面	风险	需求
个人层面	(1) 越轨史 (2) 倾向犯罪的态度 (3) 挫折感 (4) 对物质滥用的态度 (5) 财务压力	(1) 自尊 (2) 人生意义 (3) 自我接纳 (4) 身份认同 (5) 职业能力
人际层面	(1) 社交圈对犯罪及物质滥用的态度 (2) 家庭冲突	(1) 与助人者的关系 (2) 家庭关系 (3) 社交回避及苦恼
社区层面	(1) 歧视感知	(1) 社会支持 (2) 社区参与感

为确保干预能够具体落实,项目团队将"徐汇区社区矫正对象风险—需求评估工具 1.0"以"问卷星"链接的形式发送给社区矫正对象及社会工作者。收集到社区矫正对象填答的问卷共 329 份。经过数据整理,最终回收有效的问卷有 310 份。同时,项目团队运用统计学方法,对评估工具中的 18 个因子进行了"降维"处理,根据因子载荷输出结果,不同维度的指标分类被归纳成提升压力应对能力、矫正错误认知、改善社会关系、提高自我认同与价值感这四类矫正目标,于是项目团队计划以这四类目标为主题开展小组工作。之后,项目团队根据问卷数据的相关程度确定了风险—需求

维度中各个因子的权重,重新计算了社区矫正对象自评的风险—需求维度得分,在310人中筛选了75人作为重点干预的对象。结合矫正目标,一线社会工作者根据访谈提纲对这75名矫正对象进行了干预前的调查,筛选出最适合参与四类干预小组的成员,最终确定23人接受小组工作。其中,提升压力应对能力小组6人,矫正错误认知小组5人,改善社会关系小组6人,提高自我认同与价值感小组6人。这些工作为后期小组工作的顺利开展奠定了基础。

二、项目目标

(一) 长期目标

衡量社区矫正的质量,还是要看社区矫正对象是否能顺利融入社会,成为守法公民。在社区矫正工作中,监督管理是基础,教育帮扶是核心。本项目是在对徐汇区社区矫正对象进行风险—需求评估的基础上,依据评估结果开展的个别化矫正介入,具体服务工作以公益活动、小组服务、个案服务等为主要形式,旨在促进社区矫正对象的自我觉察与反思,协助他们在思想观念、认知行为、心理健康及社会关系等方面得到改善,进而树立正确的人生观和价值观,实现顺利回归社会的目标。

(二) 具体目标

第一,帮助社区矫正对象与家庭成员建立连接,提高他们的家庭沟通能力和问题解决能力,增强家庭功能;帮助社区矫正对象"去标签化",改变周围人对"服刑人员"身份的看法,赢得信任;通过参与志愿服务,帮助社区矫正对象挖掘自身优势,增进人际关系,获得成就感与满足感,认识到自己的价值,进而提升自信心。

第二,帮助社区矫正对象正视并接纳现有的身份和生活状态,修正他们对歧视的感知和对挫折的认识,以便积极应对生活中的压力,做出积极长久的改变;帮助社区矫正对象掌握缓解家庭冲突的技巧,提升压力应对能力。

第三,改变社区矫正对象一系列的不合理认知,进而矫正不良行为,以健康的爱好替代不良的爱好;帮助社区矫正对象顺利融入社会,降低再犯率。

第四,引导社区矫正对象坦然面对自己过往的错误,接纳自己,并通过参与社区服务、志愿者服务等公益活动,帮助他人,提升自我价值。

三、需求分析

项目共回收310份社区矫正对象的有效问卷,还收集了一线社会工作者对社区矫正对象18个因子的评估得分及需要干预的程度得分。问卷从多方面获取信息,综合评判社区矫正对象的风险与需求状况,为后续的精准施矫提供依据。

(一) 改善社会关系

改善社会关系方面包含家庭关系、受助关系、自尊三个部分。

1. 社区矫正对象的家庭关系评估

社区矫正对象的家庭关系得分均值为5.17分(总分6分)。91.3%的矫正对象认为"家庭成员彼此之间一直合得来",94.9%的矫正对象认为"家庭成员总是互相给予最大的帮助和支持",93.8%的矫正对象认为"我们家有一种和谐一致的气氛"。这表示大部分被调查者的家庭比较和谐,但有部分社区矫正对象的家庭关系较差,如果没有相应的干预,可能会影响他们的矫正,无法获得家庭支持。

2. 社区矫正对象的受助关系评估

社区矫正对象的受助关系得分均值为5.08分(总分6分)。85.8%的矫正对象认为"我和我的社会工作者经常讨论我需要帮助的问题",96.8%

的矫正对象认为"在社会工作者帮助我的过程中,我很投入",96.1%的矫正对象认为"和我的社会工作者交谈能够帮助我更有条理地解决困难",95.1%的矫正对象认为"和我的社会工作者交谈能让我更加自信"。可见,大部分被调查者的受助关系水平较高;但也有部分社区矫正对象的受助关系水平较低,如果没有相应的干预措施,在社区矫正对象与社会工作者无法建立良好关系的情况下,矫正工作会受到影响。

3. 社区矫正对象的自尊评估

社区矫正对象的自尊得分均值为 4.22 分(总分 6 分)。85.8%的矫正对象认为"我感到我是一个有价值的人,至少与其他人在同一水平上",96.8%的矫正对象认为"我能像大多数人一样把事情做好",96.1%的矫正对象认为"我对自己持肯定的态度",95.1%的矫正对象认为"我希望能为自己赢得更多尊重"。可见,大部分矫正对象的自尊水平较高,在日常生活中自我认同度较高;但也有部分矫正对象的自尊水平、自我认同感较低,这会影响服务对象的自我效能感,影响之后顺利融入社会。

(二)提升压力应对能力

提升压力应对能力方面包含歧视知觉、财务压力、挫折感受以及家庭冲突四个部分。

1. 社区矫正对象的歧视知觉评估

社区矫正对象的歧视知觉得分均值为 1.83 分(总分 6 分)。12.9%的矫正对象认为"人们经常回过头看自己或是躲着自己",16.77%的矫正对象否认"人们对我很友好,我受到尊重",7.1%的矫正对象认为"人们总是找茬或是在嘲笑我"。可见,有少部分矫正对象对歧视较为敏感,认为日常生活中自己会因为特殊身份受到歧视;大部分矫正对象的歧视知觉水平不高。歧视知觉不仅是心理上的折磨,更会外显于日常行为中,让人无法采取正确的行为,因此需要改正。

2. 社区矫正对象的财务压力评估

社区矫正对象的财务压力得分均值为 2 分（总分 6 分）。22.58%的矫正对象认为自己的"收入不稳定"，18.71%的矫正对象觉得自己"负债累累"，5.48%的矫正对象仍然存在"借高利贷"的行为。可见，大部分矫正对象的财务压力处于中等水平；但也有部分矫正对象的财务压力较大，这部分矫正对象有可能为了应对自身面临的财务困境，再次违法犯罪。对于这些矫正对象，要在财务观念、应对财务危机的能力以及财务风险防范意识等方面进行干预。

3. 社区矫正对象的挫折感受评估

社区矫正对象的挫折感受得分均值为 2.12 分（总分 6 分）。8.71%的社区矫正对象认为"我被迫做很多非自愿选择的事情"，26.77%的矫正对象觉得"做太多事情，感到有压力"，7.75%的矫正对象认为"重要的人对我冷漠且疏远我"，8.71%的矫正对象认为"所在的群体排斥我"，48.06%的矫正对象感到"犯错让我产生挫折感"，17.1%的矫正对象认为"自身能力无法带来安全感"，14.52%的矫正对象认为"凭自身能力无法取得理想的学业成就"，31.5%的矫正对象认为"犯错使自己找不到心仪的工作"，10.97%的矫正对象认为"自己频繁失业"。可见，大部分矫正对象的挫折感受处于中等水平，小部分矫正对象挫折感受较为强烈。挫折感受较高的矫正对象对生活中的人和事更容易产生偏差观念，在反思自己的错误时，也难免会对自身价值产生怀疑。挫折感受容易影响社区矫正对象重返社会的自信。

4. 社区矫正对象的家庭冲突评估

社区矫正对象的家庭冲突得分均值为 2.02 分（总分 6 分）。11.94%的社区矫正对象认为"家庭成员间常相互责备和批评"，26.45%的矫正对象认为"家庭成员间会回避分歧"，7.42%的矫正对象认为"家中经常吵架"。可见，大部分矫正对象的家庭冲突处于中等水平，小部分矫正对象的家庭冲突较为激烈。家庭冲突容易造成矫正对象对家庭的不信任，而其衍生出的压力也会阻碍矫正对象重返社会。

(三) 矫正错误认知

矫正错误认知方面主要包含社交圈对犯罪及物质滥用的态度、矫正对象对物质滥用的态度、倾向犯罪的态度三个部分。

1. 社交圈对犯罪及物质滥用的态度评估

社区矫正对象的社交圈对犯罪及物质滥用的态度得分均值为1.24分（总分6分）。17.1%的矫正对象表示朋友中有犯罪人员,5.5%的矫正对象表示亲人中有犯罪人员。25.8%的矫正对象表示社交圈对犯罪持一定的包容态度,4.5%的矫正对象表示社交圈对吸毒持一定的包容态度,31%的矫正对象表示社交圈对酗酒持一定的包容态度。可见绝大部分矫正对象的社交圈较为健康,不健康的社交圈不仅会使矫正对象产生更多的错误认知,还可能影响他们的行为,增加他们再犯的风险。

2. 社区矫正对象对物质滥用的态度评估

本次针对社区矫正对象物质滥用态度的调查主要包括酒精和毒品两部分。社区矫正对象的对物质滥用态度的得分均值为1.31分（总分6分）。其中,在对酒精的态度调查中,4.5%的矫正对象认为"喝酒是为了让我变得健谈",2.8%的矫正对象认为"喝酒帮助我克服社交胆怯",2.6%的矫正对象认为"我用喝酒来应对绝望的感觉",12%的矫正对象认为"当我感到难过时我会饮酒"。由此可见,虽然大多数矫正对象对饮酒持反对态度,但是在遇到特定困难和压力时,部分矫正对象依然会选择饮酒来对抗负面情绪。在对毒品的态度调查中,0.6%的矫正对象表示"我认为毒品不会对我们的健康造成伤害",1.3%的矫正对象认为"使用毒品帮助我释放压力",0.6%的矫正对象认为"吸毒不会影响人们的思想和日常行为活动",1.9%的矫正对象表示"我会为了好玩而吸毒"。毒品对个人身体和精神的损害巨大。在我国,吸毒是行政违法行为,如果涉嫌毒品买卖还会受到刑法的制裁。因此,要对这部分对于毒品有认知偏差的矫正对象进行及时干预，改变他们的错误认知。

3. 社区矫正对象倾向犯罪的态度评估

社区矫正对象倾向犯罪的态度的得分均值为 1.25 分（总分 6 分）。1.3%的矫正对象认为"可以通过违法犯罪的方法解决纠纷"，4.1%的矫正对象认为"可以违背公序良俗"，2.8%的矫正对象反对"为自己的犯罪行为负责"，4.1%的矫正对象反对"要利用社区矫正期间，好好反思自己的错误"。另外，1.3%的矫正对象表示"社区矫正结束后，我可能还会再犯罪"，1%的矫正对象表示"接触社区矫正后，如果不能获得满意的生活，我可能还会重复之前的行为"，1.2%的矫正对象表示"如果没有减刑的机会，我是不会好好进行社区矫正的"，1.2%的矫正对象表示"对于未来的社区矫正，混混日子就行了"。由此可见，绝大多数矫正对象对犯罪和社区矫正有着较为正确的认知，但也有少数社区矫正对象在此次调查中显示出较高的再犯风险，社会工作者需要帮助这类矫正对象消除这种错误的认知，避免他们再次犯罪。

（四）提高自我认同与价值感

提高自我认同与价值感方面主要包括自我接纳、身份认同、社交回避三个部分。

1. 社区矫正对象的自我接纳程度评估

社区矫正对象自我接纳程度的得分均值为 4.83 分（总分为 6 分）。在被调查者中，13.1%的矫正对象会因为害怕而不敢做事，7.2%的矫正对象认为别人不喜欢自己，18.6%的矫正对象认为自己非常符合"总的来说对自己感到满意"这一情况，24.8%的矫正对象非常认同"我能做好自己所有的事情"。由此可见，大部分矫正对象的自我接纳程度良好，但是还是有相当一部分社区矫正对象无法很好地接纳自己，担心能力不足，对自己不满意。

2. 社区矫正对象的身份认同程度评估

社区矫正对象身份认同程度的得分均值为4.93分(总分为6分)。在被调查者中,71%的人认为自己能够诚心接受社区矫正;14.1%的人感觉无法适应社区矫正对象和社区成员这两个身份,感觉能够完全适应这两个身份的人只占41.7%;6.5%的矫正对象会觉得和其他社会成员交往有困难;46%的矫正对象认为与其他人相比,自己会失去很多机会。仅有少数矫正对象没有身份认同上的问题。

3. 社区矫正对象的社会互动与社会交往情况评估

问卷要求被调查者填写自己有多少个关系密切的、可以从中得到支持和帮助的朋友,答案以1—6分计算,分别代表"没有朋友""有1个""有2个""有3个""有4个""有4个以上的朋友",结果显示,该项目得分均值为4.96。其中,61.9%的被调查者认为有4个以上的朋友。

另外,项目组对社区矫正对象的社交回避情况也进行了调查,社区矫正对象在该项目上的得分均值为4.85分(总分为6分)。在被调查者中,12.4%的矫正对象会躲避人群,11.1%的矫正对象会在被介绍给他人时感到紧张和焦虑,13.3%的矫正对象在一大群人中间时会感到不自在。

除以上针对社区矫正对象的需求分析外,项目组还对社区矫正对象的社会互动与身份认同和自我接纳之间的相关性进行了分析。结果表明,社会互动与身份认同的相关系数为0.563,相关性显著(P值<0.01);社会互动与自我接纳的相关系数为0.626,相关性显著(P值<0.01)。可见,社区矫正对象的社会互动情况越好,身份认同和自我接纳情况就越好。

四、执行计划

(一) 个案服务

全程跟踪了解社区矫正对象的情况,用社会工作专业理念及方法开展个案工作,以达到恢复、健全社区矫正对象各系统功能的目标。

(二)小组活动

运用小组工作方法,以证据为基础,为同一类犯因性需求的社区矫正对象开展小组活动。

(三)社区活动

整合社会资源,组织社区矫正对象参与社区活动(公益活动),帮助他们尽快融入社区,回归社会。

五、执行过程

(一)个案工作

为更好地向社区矫正对象提供个案服务,提升矫正服务水平,项目组为社会工作者和其他项目相关人员开展了主题培训,培训内容与干预活动的流程讲解、工作技巧、注意事项等相关。如项目组于 2020 年 12 月 30 日下午开展了"需求评估方法的理论、干预步骤以及注意事项等"主题培训。上海师范大学社会学系副教授杨彩云和中级社会工作者们分享交流了知行易径、N3C 评估、IREMA 模型等,并介绍了相关需求评估方法的理论、干预步骤以及注意事项。又如,2021 年 4 月 6 日,项目组开展了"'艺成长'项目推进暨'按需施教'工作模式"讨论会,对前期开展的工作进行了梳理,也对下一步工作的内容、实施过程中遇到的困难进行了讨论。个案工作贯穿整个项目的全过程。

(二)小组工作

本项目总共开展 4 个小组,分别为:改善关系小组、提升压力应对能力小组、改善错误认知小组、提高自我认同与价值感小组。

1. 改善社会关系小组

本小组共有6人参与，6名成员普遍存在对周围人际关系排斥、家庭支持较弱、交友范围小等问题。干预内容涉及家庭关系和人际关系两个维度，旨在改善小组成员的家庭关系和人际关系，提高自我效能感，以便更好融入社会生活。主要开展了以下四次活动：

（1）破冰与沟通技能学习

本次活动旨在明确小组目标和规范，促进成员之间相互了解，完成家庭关系和人际关系前测。破冰游戏"长幼有序"是让小组成员尝试通过不同沟通方法体验沟通效率，从而引出沟通的含义、沟通的模式以及沟通的一些误区等内容。之后，小组成员参与了"打卡红色印记，健步美好家园"红色主题健步活动。本次活动让小组成员快速熟悉了起来。

（2）"与黑暗对话"活动

本次活动是社会工作者带领小组成员进行理论部分的学习，以帮助他们了解心理效应是如何作用于沟通行为习惯的，并由此引出"标签化思维"在人际关系中的消极影响。随后社会工作者带领小组成员前往"'黑暗中对话'体验馆"进行"与黑暗对话"的体验活动。在60分钟内，小组成员要在完全黑暗的环境中充分利用视觉以外的其他感官完成一系列任务，最后回到"光明区"，进行分享。活动旨在引导小组成员进行自我表达、自我剖析，并通过他人的反馈增强自我认知和自我效能感。通过互动与练习沟通技巧，小组成员们的沟通能力有所改善。

（3）"黑暗跑团"公益陪跑活动

以参加"黑暗跑团"公益平台的活动为契机，小组成员通过参与社会活动，锻炼了社会实践能力与沟通能力，学习了残障人士积极生活的态度。

（4）"清洁家园"与畅想未来

本次活动中，小组成员参与了居委会举办的"清洁家园"公益活动，并对整个小组活动进行了回顾，对未来生活做了畅想。

小组工作前后，社会工作者对小组成员的总体人际能力分别进行了检测。结果显示,参与小组工作前,成员总体人际能力平均得分为 2.929 分(满分 4 分,得分越高,总体人际能力越强),处于中等水平;参与小组工作后,成员总体人际能力平均得分为 2.95 分,虽然差值较小,但从整体看,小组工作还是对参与成员存在正向影响,家庭关系与人际关系有所改善。小组工作前后,每个小组成员的总体人际能力情况如图 12-1 所示。

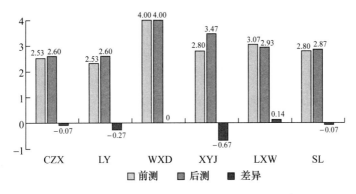

图 12-1　小组工作前后小组成员总体人际能力情况

2. 提升压力应对能力小组

本小组共 6 人参与,项目团队针对小组成员歧视知觉、挫折感、财务压力、家庭冲突四个方面设计了服务方案,旨在通过鼓励小组成员参与活动、表达自我,达到发挥潜能、获得支持和接纳、完成自我成长的目标。在活动设计时,项目团队针对小组成员的需求,增设了互动环节来促进成员间良好人际关系的建立,以便在相互支持中缓解压力情绪,寻求共同发展。主要开展了以下三次活动:

(1) 爱心步行普法宣传活动

本次活动目的在于帮助小组成员互相认识,建立良好的组内关系;通过宣传《社区矫正法》强化小组动力,增加小组成员的社区参与感,同时也有助于社区居民了解社区矫正项目和相关法律,推进去污名化和反歧视行动。活动结束后,小组成员分享了参与活动的感受,讨论了生活中与人接触时自己所认为的"压力源"。

(2) 财务增能沙龙

本次活动旨在帮助小组成员评估并明确自身所面临的财务危机与风险;普及财务管理知识和基础法律政策;培育财务管理意识,缓解在财务应对方面的焦虑和压力。活动以金钱观的测试为开端,在较为活跃的气氛中,2名小组成员分享了自己的经历。在播放相关视频后,小组成员依次分享了自己对视频内容的理解。之后,在社会工作者的引导下,部分成员分享了自己认为的财务压力有哪些。最后,通过"生涯拍卖"招标游戏以及"压力泡泡"游戏,社会工作者引导小组成员进行了自我披露,对错误认知做了正向引导。

(3) 案例分析与家庭料理沙龙

本次活动主要是进行案例分析和饺子制作。在观看家庭冲突案例后,社会工作者引导小组成员思考家庭关系中自己存在的压力,并教授应对家庭矛盾和处理家庭内部人际关系的技巧;通过饺子制作,小组成员对自身的价值有了新的认识,还提升了参与公益活动的积极性和社会参与感。

小组工作前后,社会工作者引导本小组成员完成了歧视知觉、挫折感、财务压力、家庭冲突四个方面的压力应对能力测评。小组工作前,小组成员的总体压力应对能力平均得分为3.26分(得分越高,总体压力应对能力越强),处于中等水平;小组工作后,小组成员的总体压力应对能力有所提升,平均得分为4.31分。根据前后测结果的对比,除财务压力应对能力外,小组成员其他三类压力应对能力均有所提升,干预效果明显。小组工作前后,小组成员具体压力应对能力情况如图12-2所示。

3. 矫正错误认知小组

本小组共5人参与,社会工作者主要针对倾向犯罪态度、物质滥用态度、积极应对方式、消极应对方式四个子维度设计活动方案,对小组成员的不良认知进行干预,以减少不良行为的发生。主要开展了以下四次活动:

(1) 禁毒宣传活动

本次活动旨在帮助小组成员相互认识,并普及物质滥用的不良影响,

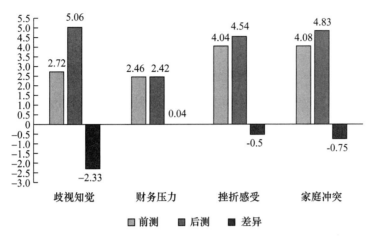

图 12-2　小组工作前后小组成员具体压力应对能力情况

纠正小组成员对物质滥用的错误认知。活动开始前,社会工作者组织成员们完成了对倾向犯罪态度、物质滥用态度、积极应对方式、消极应对方式四个子维度的前测,并订立了小组契约;之后,禁毒宣传员向小组成员科普了毒品的危害、成瘾的原理以及吸毒的不良后果,随后引导他们参与禁毒宣传活动,并进行禁毒倡导员角色扮演。

(2) 公安博物馆参观

本次活动是带领小组成员参观公安博物馆,并在参观结束后进行分享讨论,总结错误认知带来的负面影响,树立正确认知。

(3) 高温慰问公益活动

本次活动是社会工作者组织小组成员前往菜市场和社区居委会,为高温下辛勤工作的工作人员们送防暑降温物品。活动旨在帮助小组成员树立正确的认知,并将其转化为亲社会行为,进而达到强化和巩固正确认知的目的。

(4) 情理法视频学习与讨论

本次活动开始时社会工作者先对"情""理""法"的定义进行了介绍,并引导小组成员以三个圆圈的形式作画,表达自己对情、理、法的理解,并说明三者的关系。之后,社会工作者结合真实案例,引导小组成员对案件中体现出来的情、理、法进行讨论。最后,通过观看普法视频,进一步巩固小组成员对情、理、法的认知。

小组活动后,社会工作者再次引导本小组成员完成了倾向犯罪态度、物质滥用态度、积极应对方式、消极应对方式的测评。其中,物质滥用态度、倾向犯罪态度和消极应对方式得分越低,干预效果越好,积极应对方式得分越高,干预效果越好。通过前后测对比发现,小组成员的倾向犯罪态度得分有所上升,干预效果不良;物质滥用态度得分没有发生改变,干预效果不明显;积极应对方式得分小幅提升、消极应对方式得分小幅下降,干预有一定效果。小组工作前后,小组成员的认知情况如图12-3所示。需要说明的是,在前期调查时社会工作者发现,只有少数社区矫正对象在特定问题上出现了错误认知,这也是为什么前期调查中社区矫正对象在错误认知方面的平均得分较低的原因。

造成倾向犯罪态度、物质滥用态度干预效果不良的可能原因有三点:一是部分在前测时没暴露出问题的成员,在与社会工作者建立了良好的关系后,在相对安全的环境中选择了自我暴露,所以后测时,问题凸显;二是部分成员没有认真作答;三是活动设置与干预目标之前存在差异,不够有针对性。

4. 提高自我认同与价值感小组

本小组共6人参与,6人普遍存在社交回避、害怕社交、缺乏自我身份

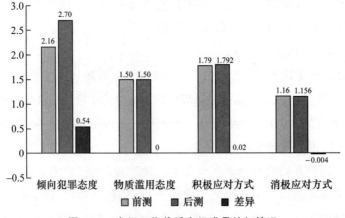

图 12-3 小组工作前后小组成员认知情况

认同、无法或很难自我接纳、缺乏基本职业技能、缺少社会支持、参与社区活动意愿低等情况。本小组旨在引导小组成员学会接纳自己、悦纳自己，提高他们参与社区活动的意愿，学习进行正常的社交活动，建立有效的社会支持网络。

小组工作前后，社会工作者引导小组成员完成了自我接纳、身份认同、社交回避、社区参与意愿四个维度的测评。数据统计显示，四个维度均有明显的改善，干预效果可观。由图12-4可知，小组工作结束后，除LJ外，其余小组成员的自我认同与价值感均有不同程度的提升。

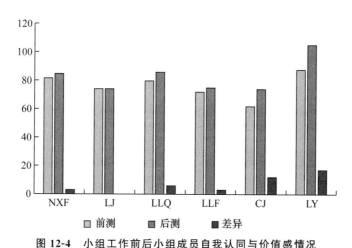

图12-4 小组工作前后小组成员自我认同与价值感情况

（三）社区工作

本项目的社区工作主要以开展公益活动的形式进行，项目运行期间共开展了7次公益活动。例如，"让童心温暖童心 让生命影响生命"公益活动。这是社区与复旦大学附属儿科医院合作举办的活动，旨在唤起社区矫正对象心中的爱，让他们在关心他人的同时，重新审视自我价值，珍惜身边的家人和现在的生活，减少再次触犯社会规则和法律的念头，同时也帮助受助儿童树立健康的人生观和价值观。又如，"汇益行·我们在行动"公益活动。活动成立了"汇益行"公益小队，前往敬老院开展公益服务，与敬老院工作人员一起策划、筹备和布置,为院内的老人们举办联欢会。再如,"慧心感悟·感恩一线工作者"公益活动。活动组织社区矫正对象近距离接触在高温中坚守岗位的一线工作者,感受他们的不易,聆听他们的故事,并为他们送上防暑降温礼包。

六、项目成效

通过社区矫正对象在个案工作、小组工作、社区工作中接受的各项评估测试结果可以发现,他们的各项情况均有改善,项目目标基本实现。社区矫正对象的家庭关系和人际关系得到了改善,压力应对能力、自我价值感和自我认同感均有所提升,并在项目运行过程中收获了应对困境和不良情绪的方法。

七、项目反思

(一)项目存在的问题

本项目在案例撰写时仍处于探索阶段,存在以下不足:第一,干预活动涉及的社区矫正对象数量较少,小范围干预所得结论可信度有限。第二,受项目时间限制,实施干预的时间周期较短,活动次数受限,服务成效不足。第三,由于社区矫正对象数量较多,分布较为分散,因此参与项目的社会工作者在干预开始前,对社区矫正对象的了解仅来自风险—需求的评估结果,对参与活动的社区矫正对象的了解不够深入。第四,由于社会工作者对社区矫正对象的了解不足,因此虽然此项目按照分类实施、按需施教的理念进行,但针对性仍有待进一步提升。

(二)项目的改进发展方向

1. 延长干预周期

在活动设计上要更加注重干预的完整性和针对性,综合考虑社区矫正对象的情况,灵活把握活动开展的时间。以服务对象的问题和需求为出发点,适当延长干预周期,把握活动节奏,提升活动效果和质量。

2. 结合社区矫正对象的特点制定更有针对性的方案

在研究设计上要进一步考虑社区矫正对象的实际特点,进行社区矫正时要兼顾集体对象和个别对象,兼顾困难对象和普通对象。矫正对象的成长经历、犯罪原因以及行为造成的危害结果各有差异,因此只有制定个别化的矫正方案,并根据矫正效果动态调整,才能保证干预的有效性。

3. 完善项目实施手册

本项目将活动材料详细保存了下来,以便为后续的研究活动提供实践证据。今后开展的项目也要记录并保存相关资料,整理、形成标准化的干预流程,并将之用于社会工作者或其他工作人员的培训,提高干预方案的可操作性。

(作者:严　莺)

专注女性社区矫正对象的社会工作服务
——"绽美"女性工作室介绍

一、"绽美"女性工作室建立的社会背景

相关研究发现,虽然在近年来女性犯罪人数少于男性,但是从总体上看,女性整体犯罪率在全国范围内呈现上升趋势。2011 年,在全国范围内女性罪犯的总数为 93051 人,占罪犯总数的 5.62%;2021 年女性罪犯的总数为 185417 人,占罪犯总数 10.81%,10 年间的人数和占比均净增了近一倍。[①] 与此同时,女性社区矫正对象的数量及占比亦呈逐年上升态势。女性是维系家庭和社会的重要纽带,随着女性政治经济地位的不断提高,她们在社会生活中扮演的角色越来越重要,故女性犯罪对社会、家庭的负面影响是长期且巨大的。

与男性相比,女性因其心理、生理及社会特点,长期被赋予"弱势"的地位。有相当数量的女性因为种种原因,受教育程度偏低、社会资源匮乏、需求未被重视、自我意识缺乏、自我实现和发展受限。[②] 在传统社区矫正中,性别差异没有得到应有的重视,女性社区矫正对象往往处于被动、依赖的地位,女性争取合理的社会地位、改善自我形象和行为的努力容易为人所忽视,这对她们重新回归社会产生了不良影响,不利于女性社区矫正对象

[①] 荣建芬、宋丽红、董亚楠:《天津市社区矫正分类教育的实践与思考》,载《中国法治》2023 年第 4 期。

[②] 邬诗杭:《社会性别视角下女性社区矫正对象研究》,载《社区矫正理论与实践》2022 年第 3 期。

不良行为的矫正与社会功能的恢复。

社区矫正社会工作是社会工作的重要领域。2020年7月1日,《社区矫正法》正式实施,其中第3条明确规定:社区矫正工作坚持监督管理与教育帮扶相结合,专门机关与社会力量相结合,采取分类管理、个别化矫正,有针对性地消除社区矫正对象可能重新犯罪的因素,帮助其成为守法公民。而社会工作介入社区矫正,有效提升了社区矫正工作的成效。《社区矫正法》第25条规定:社区矫正机构应当根据社区矫正对象的情况,为其确定矫正小组,负责落实相应的矫正方案。根据需要,矫正小组可以由司法所、居民委员会、村民委员会的人员,社区矫正对象的监护人、家庭成员,所在单位或者就读学校的人员以及社会工作者、志愿者等组成。社区矫正对象为女性的,矫正小组中应有女性成员。由此可见,引入专业社会工作,采用社会性别视角,具有法律所赋予的合法性。

2012年,上海市新航社区服务总站宝山工作站在宝山区综治办、区司法局的支持下,以月浦镇、顾村镇、杨行镇、罗店镇、罗泾镇矫正社会工作者为主体,成立了上海市首个以女性社区矫正对象为服务群体的专业工作室——"绽美"女性工作室。该工作室将性别视角引入社区矫正,从女性社区矫正对象的特点出发,运用增能理论提供专业服务,充分整合社区资源,矫正对象的不良认知和行为,增加她们自身的权能,帮助她们更好地回归社会。

二、"绽美"女性工作室的理论支持

增能视角既是一种服务理论视角,也是一种将个人层面的改变与社会层面的改善相结合的整全服务模式。增能视角假设个人无法摆脱社会层面的影响。社会中,弱势个人的问题常常表现为社会问题,因此社会工作专业服务必须考虑社会结构和社会文化因素,运用社会学的视角思考个人面临的困境。增能社会工作采取的是一种综合性的社会工作服务策略,既涉及个人,也与社会环境相关。个人是环境的组成部分,同时也发挥着改造环境的作用,社区参与和环境改造是个人成长不可缺少的部分。增能视角强调实践中的增能,强调人的实践不仅仅是为了解决日常生活问题,还会对问题场景所呈现的社会结构产生影响。因此,增能视角倡导社会工作把服务对象在日常生活中的问题解决过程放到社会结构的场景中考察,学会运用权力的分析框架理解服务对象在日常生活中遭遇的资源不足,培养服务对象在特定社会结构处境中争取社会资源和解决问题的能力。

在增能视角下,社会工作专业服务的核心是帮助服务对象学会掌控自己的生活环境,实现生活目标,并最大限度地挖掘自身潜能。专业服务主要包括三个方面:一是帮助服务对象发展更为积极、更有力量的自我;二是培养服务对象对现实环境的批判意识;三是协助服务对象学会寻找资源和实现既定目标。由此,增能的服务可以分为三个层面:个人层面、人际层面和政治(环境)层面。个人层面包括个人应对环境能力的提升、自我方向感和自信心增强等,要求提升个人对环境的掌控能力。人际层面是指帮助弱势个人之间建立相互支持的关系,学会互动和分享,培养一种集体的社会身份。政治(环境)层面则更为关注社会资源的分配,强调在集体实践中培养和增强集体的社会身份。①

值得关注的是,增能视角重新审视了社会工作者与服务对象的关系,认为二者是一种双向合作关系,是一种相互关系、互惠关系、共享关系和平权关系。增能实践强调服务对象的自我增能,强调服务对象的权力和责任;社会工作者是协作者,而不是专家或使能者。增能社会工作认为,增能是一个实践过程,发生在社会工作者与服务对象的互动过程中,注重服务对象的参与,试图激发服务对象改变自身和环境的内在动力。②"绽美"女性工作室采用增能社会工作取向,引入性别视角,关注女性社区矫正服务对象的特点与需求,整合个案社会工作、小组社会工作和社区社会工作等社会工作专业方法,激发服务对象的内生动力,消除环境障碍,推动个人、

---

① 童敏:《社会工作理论》,社会科学文献出版社 2019 年版。
② 文军主编:《西方社会工作理论》,高等教育出版社 2013 年版,第 292 页。

人际、社区和社会等层面的改变和改善,实现服务对象的意识提升,帮助其矫正错误认知和不良行为,重新回归社会。

三、女性社区矫正对象的需求分析

(一)问题分析

上海市宝山区的女性社区矫正对象从2011年的58人增加到2020年的178人,人数呈逐年上升的趋势。女性社区矫正服务对象在生理、心理和社会等方面具有不同于男性社区矫正服务对象的特征和需求。为了更精准地了解女性社区矫正对象的现实情况、面临问题和实际需求,"绽美"女性工作室分别于2011年、2017年及2020年对宝山区的女性社区矫正对象开展问卷调查,内容涉及基本情况、家庭情况、法律意识、个人能力等方面。调查发现,女性社区矫正对象存在以下突出问题。

1. 生理方面

女性因生理周期导致心理波动较大,特别是更年期女性很容易出现身体不适、情绪易变等问题,任何来自家庭和社会环境的变化都可能会加重其身体和精神负担。

2. 心理方面

女性社区矫正对象普遍心理负担较重,感觉自己因为犯罪低人一等,存在自卑、消沉、悲观等心理,出现一定程度的自我封闭问题,不愿意与他人交往,并且通常会变得敏感,容易猜忌,对亲友的依赖心理增强。

3. 认知方面

本区的女性社区矫正对象普遍受教育程度较低,法律意识淡薄,对自己的犯罪行为不能做出理性的分析和科学的判断,缺乏明辨是非的能力;缺乏对自己的正确认识,有的甚至存在怨天尤人、"破罐子破摔"的心理。

4. 家庭方面

很多女性社区矫正对象的亲属不接纳她们,这让她们出现怨恨、轻视、排斥等心理,夫妻关系、亲子关系、婆媳关系紧张,家庭不和。

5. 社会方面

由于受教育程度低,缺乏一技之长,很多女性社区矫正对象在犯罪前就就业不易,在接受社区矫正后找工作更困难,重新回归社会存在一定障碍,容易陷入生活困境,导致重新犯罪。

(二) 需求评估

1. 认知方面的需求

女性社区矫正对象有获取法律知识,提升法律意识,正确认识自我的需求。

2. 心理方面的需求

女性社区矫正对象普遍存在自卑、压抑、焦虑等心理问题,因此有解决心理问题的需求。

3. 家庭关系调适的需求

女性社区矫正对象有正确认识家庭角色,提升沟通能力,改善家庭关系的需求。

4. 社会适应的需求

女性社区矫正对象有提升就业能力,重新就业的需求;有提升社会适应能力,重新融入社区和社会的需求。

四、"绽美"女性工作室的服务目标和服务计划

"绽美"女性工作室的服务对象以工作室社会工作者所属街镇的女性社区矫正对象为主,在对她们进行问题分析和需求评估的基础上,开展持续的社会工作服务。除了日常帮教服务以外,项目还计划采用个案社会工作、小组社会工作、社区社会工作等专业方法。

(一) 服务目的和目标

1. 服务目的

帮助女性社区矫正对象顺利完成社区矫正；纠正她们存在的偏差认知，提升法律意识，缓解心理压力，改善家庭关系，提升生活质量；帮助她们增强社会适应能力，重新融入社会。

2. 服务目标

第一，开展认知干预服务，帮助提高服务对象的法律意识，改变错误认知，矫正偏差行为，顺利完成社区矫正。

第二，开展心理辅导服务，帮助服务对象减轻心理压力，重建对生活的信心。

第三，开展家庭辅导服务，帮助服务对象改善家庭关系，提升生活质量。

第四，开展社会适应服务，帮助服务对象提升就业能力和社会适应能力，重新融入社区和社会。

(二) 服务计划

根据女性社区矫正对象的需求和服务目标，"绽美"女性工作室计划实施的服务如表 13-1 所示。

表 13-1 "绽美"女性工作室服务计划实施表

服务目标	服务形式	服务内容
改变错误认知，提升法律意识	认知干预	法律知识测试、普法讲座、个案辅导
缓解心理压力，重建生活信心	心理辅导	心理健康知识讲座、个别心理咨询、团体心理辅导
改善家庭关系，提升生活质量	家庭辅导	家庭辅导课程、亲子小组
提升就业能力，增强社会适应	社会适应服务	就业辅导系列服务、自我提升小组

五、"绽美"女性工作室的介入行动

(一) 认知干预服务

在前期需求评估基础上,结合女性社区矫正对象的年龄、学历、罪名、认罪态度等情况,"绽美"女性工作室在进行一对一的个别帮教服务之外,开展了名为"改正自我,把握航向"的小组服务,通过法律知识测试及讲座、案例分析等形式帮助服务对象提升法律意识,改变错误认知,正确面对现实,重新建立起对自身问题的理性思考模式。

(二) 心理辅导服务

在"绽美"女性工作室成立初期,具有心理咨询师资质的社会工作者就为每名女性社区矫正对象进行了 EPQ、SCL—90、"房—树—人"等心理测试,对她们的心理状况进行动态分析,并针对测试结果开展心理健康知识讲座、个别心理咨询及团体心理辅导活动。

> **典型案例**
>
> 女性社区矫正对象张某,自身的性格比较内向,两次的犯罪更是导致她内心比较自卑,不愿意与他人过多地交谈,在与社会工作者交流时经常哭泣不止。在帮教的过程中,社会工作者对她开展一对一的个案服务,运用同理心、倾听等心理谈话技巧,帮助张某宣泄自己的负面情绪,并鼓励她参加"绽美"女性工作室组织的活动,和其他服务对象一起参与"艺工坊"活动、心理讲座、家庭辅导课程等。渐渐地,张某脸上的笑容多了起来,人也变得有自信了,愿意走出家门,原本较为紧张的家庭关系也有所改善。
>
> 随着2018年宝山区"书香"心理工作室的成立,"绽美"女性工作室的心理疏导服务也相应升级。两个工作室联合起来共享资源,通过链接第三

方测评平台以及专业人士的服务,对每位服务对象的心理状况进行动态分析,心理测评更为有效,精准度也更高了。"绽美"女性工作室对测评为"重度"的服务对象主要开展以个体咨询和个案服务为主的干预;对"中度"和"轻度"的服务对象则根据存在的问题进行分类,开展以系列性团体心理辅导为主的干预;对于心理"相对健康"的服务对象开展以心理健康教育为主的服务。除此之外,在矫正过程中,如服务对象出现自杀、自残、家庭纠纷等突发情况,"绽美"女性工作室会与心理工作室第一时间联合起来,共同进行危机干预,提供个案咨询与服务。

(三)家庭辅导服务

家庭成员不认可,家庭地位降低,夫妻关系、亲子关系、婆媳关系紧张等是女性社区矫正对象在家庭关系方面面临的主要问题。帮助服务对象扮演好家庭角色、协调家庭关系是社会工作服务的重要内容,因此"绽美"女性工作室开展了系列家庭辅导课程,针对服务对象的特点通过角色扮演、头脑风暴、家庭默契搭建等形式,开展面对面交流和现场演示。参与式、沉浸式的服务方式,有效提升了服务对象的参与度,能够帮助她们掌握家庭沟通技巧,引导她们更多地站在其他家庭成员的角度思考问题,从而更理智地处理家庭关系中的问题,促进家庭和谐。

同时,为了帮助女性社区矫正对象改善家庭亲子关系,"绽美"女性工作室还开展了不同主题的亲子活动。结合元宵、端午、中秋、重阳等传统文化节日,开展猜灯谜比赛,灯笼、香囊、月饼等手工制作活动,让女性社区矫正对象与家庭成员相互协作,共同完成任务,有效地改善了家庭成员之间的沟通,培养了家庭成员之间的默契,受到服务对象及其家庭成员的好评。之后,工作室陆续将古诗词、水墨画、书法、民族乐器等相关传统文化的学习或赏析融入亲子活动,进一步提高了家庭辅导服务的成效。

(四)社会适应服务

多年来,"绽美"女性工作室以"内外兼修"为主题,为女性社区矫正服务对象提供了一系列社会适应性服务,得到了服务对象的一致好评。活动从"内""外"两个方面进行,"内"包括与人文素养、优雅谈吐、自我保护等相关的活动;"外"包括与服饰搭配、护肤保养、职业彩妆等相关的活动。这些学习帮助服务对象改善了自身的仪表仪态,提升了自我认可度和接纳度,增强了自我提升的意识,实现了由内而外的改变。

宝山区属于郊区,外来人员较多,部分服务对象是"外来媳妇",难以被本地社区居民接受。有的服务对象因此受到打击,害怕被别人嘲笑而不愿出门,严重的还出现了失眠问题。为了丰富服务对象的生活,让她们拥有一技之长,重拾融入社会的信心,"绽美"女性工作室结合女性的兴趣爱好开展了不同主题的"艺工坊"活动。对于"艺工坊"活动,服务对象参与的积极性都比较高,活动的参与不但陶冶了她们的情操,收获了成功的喜悦,也逐渐增强了她们的团队意识和自我认同感。同时,工作室借着社区宣传的契机还开展了"艺工坊"义卖活动,展示了服务对象亲手制作的手工艺品,这既提升了服务对象的社会价值感,也通过参与公益慈善活动激发了她们的社会责任感。

(五) 特色小组工作

根据服务对象的需求,结合女性的特点,"绽美"女性工作室开展了一些比较有特色的小组服务。

1. "女性安全与自我保护"小组

该小组的目的是提升服务对象对女性安全的认识及自我保护能力。小组通过开展讨论、案例分析等提升服务对象的自我保护意识,还邀请特警传授简单的防身术,通过对服务对象手把手的指导,提高服务对象的自我保护能力。

2. "自我提升"小组

该小组的目的是提升服务对象的自我意识和信心。小组通过邀请在女装专柜工作的服务对象进行职场礼仪、化妆、服饰搭配及兴趣培养等方面的分享和培训,帮助服务对象提升自信心,勇敢面对社会的竞争与挑战。

3."爱自己,享健康"小组

该小组的目的是帮助服务对象提升健康意识,保持身体健康。小组成员是对健康和养生感兴趣的服务对象,大家在一起讨论养生知识,分享膳食食谱。社会工作者也链接资源,举办医疗健康知识讲座,如从预防妇科疾病方面着手,邀请医务志愿者为全体服务对象开展健康讲座。

4. 就业辅导小组

该小组的目的是帮助服务对象提高面试成功率,提升服务对象的就业能力。社会工作者通过对简历撰写、面试心理及技巧、面试经验分享及情景模拟等面试过程进行辅导,帮助服务对象了解并提升面试技巧,增强自信心,提高就业成功率。

六、"绽美"女性工作室的服务成效

(一)服务对象规模较大,对社会工作者服务认可度高

据不完全统计,近年来"绽美"女性工作室累计为女性社区矫正对象开展心理测试 262 人次、心理疏导 93 人次,提供个案服务 486 人次、家庭辅导 430 人次,开展小组、社区活动等 99 次。"绽美"女性工作室在每次活动结束后,都会让参与的服务对象进行满意度评估。结果显示,服务对象的满意度和认可度高。

(二)帮助服务对象改变错误认知,改善家庭关系,重拾生活信心

接受社会工作专业服务后,女性社区矫正对象在改变错误认知,改善家庭关系等方面成效显著。

服务对象张某可以算是"绽美"女性工作室的"元老级"人物。工作室成立以来,张某已连续 4 年接受专业社会工作服务,参与工作室的各项活

动。从开始表现出的压抑、不说话到如今的活泼、开朗,从曾经的与母亲水火不容、与继父冲突不断、负气离家出走,到后来的与家人重归于好,再到现在成立了自己的小家庭,社会工作者见证了她的转变和成长。在这个过程中,社会工作者帮助张某正视因判刑导致的自卑心理,引导她不要因为自己的罪犯身份而放弃自己;同时运用优势视角,帮助她认识自身的优势和能力,明确自己拥有的解决问题的力量与资源。这一切都帮助她提升了自信心,如今张某已经很好地融入了社会。

服务对象刘某,因贩卖毒品罪被判缓刑两年。犯罪后的刘某害怕他人异样的眼光,再加上家中有长期瘫痪在床的丈夫、年幼的儿子,家庭和生活的压力都积压在她一个人的身上,导致她终日以泪洗面。为了帮助刘某调节情绪、缓解心理压力,社会工作者鼓励她参加工作室的活动,通过心理知识讲座、个案辅导等方式,帮助她解决情绪问题;其他小组成员与刘某的沟通也成了她情感上的支持。这些干预帮助刘某改变了自卑的心理,克服了心理障碍,如今她已经能够以积极向上的心态面对生活。

(三) 帮助服务对象进行再社会化,重新回归社会

在服务过程中,社会工作者与女性社区矫正对象建立平等、信任的专业关系,帮助她们明确角色定位,认识到自己才是改变的媒介,是解决问题的主体,社会工作者更多的是发挥陪伴作用。在此过程中,服务对象学会了社会工作者教授的知识和技巧,并逐步运用这些知识和技巧解决生活中的问题。社会工作者积极引导服务对象发挥特长,以自己的能力回馈社会,取得了较好的服务效果。

(四) 帮助服务对象拓展社会支持网络,更好地融入社会

"绽美"女性工作室专注于为女性社区矫正群体提供服务,为不同年龄、不同受教育程度、不同婚姻和家庭情况的服务对象提供沟通机会,搭建交流平台,构建朋辈支持网络。很多服务对象的问题都与身边资源的匮乏相关,因此工作室积极链接个人、社区和社会等方面的资源,为服务对象提

供物质、精神、知识、信息等方面的支持,帮助服务对象建立良好的社会支持网络,更好地融入社会。

(五)建立稳定的志愿者服务队伍和长效的志愿服务机制

随着知名度的提高,"绽美"女性工作室吸引了众多社会志愿者参与,本案例撰写时已经有教师、律师、街镇机关工作人员等社会人士参与到各项活动中,其中固定志愿者有 12 名。这些志愿者的加入可以为项目活动的开展提供更为专业的指导。之后,工作室还将对志愿者进行规范化的培训和管理,建立稳定的志愿者服务队伍和长效的志愿服务机制,进一步提升服务质量。

七、总结与反思

(一)"绽美"女性工作室的服务经验

1. "绽美"女性工作室是社会工作参与社区矫正工作的有益探索

社区矫正是社会工作的重要服务领域,社会工作的介入,有效地提升了社区矫正工作的成效。"绽美"女性工作室成立于 2012 年,是上海市首个以女性社区矫正对象为服务群体的社会工作专业工作室。社会工作者秉持专业价值理念,运用社会工作专业理论和方法,帮助女性社区矫正服务对象矫正不良认知和行为,增加自身权能,更好地回归社会,取得了良好的成效。"绽美"女性工作室在社会工作参与社区矫正工作方面进行了有益探索,为建立社会力量参与社区矫正工作机制积累了经验。

2. "绽美"女性工作室是社区矫正领域专业社会工作服务的成效体现

社会工作的服务对象是社会生活中的个人、家庭等,这要求专业社会工作者根据服务对象及其所处环境的具体情况,提供适合的服务。"绽美"女性工作室的服务对象是被判处管制、宣告缓刑、假释和暂予监外执行的罪犯,具有不同于一般服务对象的特性,对社会工作者提出了更高的专业要求。

"绽美"女性工作室的社会工作者通过问卷调查、访谈等方式来分析服务对象的问题,评估服务对象的需求;依据社会工作专业理论,制定切实回应服务对象需求的服务计划;采用整合社会工作的视角,综合运用个案、小组、社区等专业方法,联合心理工作室等专业力量,充分动员律师、医生、教师、家庭辅导师等专业志愿者,为服务对象提供认知干预、家庭辅导、社会适应等服务。

"绽美"女性工作室服务辖区内所有的女性社区矫正对象,有效帮助服务对象改变认知,增强自信,改善家庭关系,提升社会适应能力,扩展社会支持网络,重新回归社会。从"绽美"女性工作室的实践看,服务对象的改变是显而易见的,社会工作参与社区矫正工作的成效是显著的。

3. 性别视角的引入,体现了社区矫正工作更加人性化

"绽美"女性工作室的一个显著特色是性别视角的引入,以女性社区矫正对象为服务群体,更好地关注她们的特征和需求。矫正社会工作者在实际服务中发现,女性社区矫正对象在数量上有上升趋势。虽然从整体上看,女性社区矫正对象的比例并不高,但其影响是巨大的。在以往的社区矫正工作中,性别因素没有得到应有的重视,女性往往被作为普通对象来对待,这不利于女性社区矫正对象不良行为的矫正与社会功能的恢复。"绽美"女性工作室引入性别视角,调查分析女性矫正对象的特征和需求,是社区矫正工作更加人性化的体现,能够更好地服务于女性矫正对象这一特殊群体。

(二)"绽美"女性工作室面临的问题与挑战

"绽美"女性工作室成立以来,经过不断的探索和努力,取得了一定的成绩。但由于服务对象在文化水平、刑期长短、对社区矫正的认知、个人家庭情况等方面存在差异,因此她们对社会工作服务的要求和接受程度差别

很大,这给服务带来一定困难。

1. 心理辅导服务的开展存在阻碍

工作室成立以来,各街镇中文盲、文化水平低的女性社区矫正对象一直较多,一些服务对象对心理辅导等服务存在错误认知,个别服务对象甚至排斥心理辅导服务,这使得心理辅导工作开展起来存在一定困难。

2. 家庭辅导服务的开展存在局限性

"绽美"女性工作室的服务对象主要来自上海市宝山区的月浦镇、顾村镇、杨行镇、罗店镇,她们的年龄差距较大,婚姻状况各有不同,面临的家庭情况也不相同,因此社会工作者在开展家庭辅导服务时存在一定的困难,难以同时满足所有服务对象的家庭辅导服务需求。

3. 服务内容多元性不足

经过多年的运营,"绽美"女性工作室的常规服务和品牌服务逐渐稳定下来。对一些长期接受服务的对象来说,项目的吸引力逐渐丧失,这导致她们参与活动的积极性逐渐下降。同时,随着经济社会的发展以及女性社会地位的提升,女性社区矫正对象对社会工作服务的要求也不断提高,对专业服务的研发工作提出了更高要求。

(三)"绽美"女性工作室的服务展望

1. 进一步提升专业服务能力,提供更优质的专业服务

"绽美"女性工作室将通过引进高水平社会工作人才和加强现有工作室成员专业培训等方式,进一步提升专业服务能力。根据女性社区矫正对象的需求变化,加大专业服务项目的研发力度,不断拓展服务范围,丰富服务内容,提供更优质的专业服务。

2. 延展服务范围,吸纳专业型志愿者

随着"绽美"女性工作室的发展,受益人群将不再局限于女性社区矫正

人员本人,她们的丈夫、子女、父母等家庭成员也会逐渐被吸纳进来,作为工作室的服务对象,这会增进服务对象与家庭成员之间的沟通互动,改善家庭关系。另外,社会工作服务往往需要多专业的人员进行团队合作,因此对志愿者的要求也越来越高。"绽美"女性工作室将面向全区招募律师、医生、教师、家庭辅导师等专业性较强的志愿者加入,并对志愿者进行规范化的管理和业务培训。

3. 探索社会工作参与的分类矫正模式

"绽美"女性工作室的服务探索过程是中国社区矫正社会工作发展历程的一个缩影。上海是较早在社区矫正领域引入社会工作的地区之一,经过多年的探索和发展,取得了显著成效,获得了政府和社会的认可。社区矫正社会工作已经成为社会工作的一个重要实践领域,对其专业性的要求愈加凸显。"绽美"女性工作室根据女性社区矫正对象的特点,提供适切的专业服务,符合社区矫正工作分类管理、个别矫正的要求。接下来,"绽美"女性工作室将继续探索社会工作参与社区矫正的分类矫正模式,进一步提升社区矫正社会工作的专业性和科学性。

(作者:滕思思)

提升非沪籍社区矫正对象归属感的矫正社会工作探索
——"精彩北站"项目介绍

一、项目背景

近年来,非沪籍人员在上海的生存权和发展权越来越受到关注。对上海的非沪籍社区矫正对象来说,他们除了面临因犯罪服刑带来的个体身份边缘化、家庭结构缺失、社会交往程度低等多重困境外,还面临着城乡二元格局下的诸多排斥。因缺乏社会支持与城市归属感,他们面临的社会融入问题和矛盾愈加突出,这可能导致他们再次涉足违法犯罪。因此,做好非沪籍社区矫正对象的矫正工作,提升他们的社会归属感,恢复他们的社会功能,使他们重新融入社会,对社区的和谐与稳定有着极其重要的意义。

归属感是社会心理学范畴的概念,是人类最强烈的需求之一,几乎所有个体都有被他人接受和喜欢的需求。[①] 社区矫正的目的是促进社区矫正对象顺利融入主流社会,预防和减少其重新犯罪。社区矫正对象在接受矫正的过程中,会受到外在环境的影响,进而产生一种内在的主观意识,这种意识决定了个体对群体的认同程度以及发生关联的密切程度,并影响个体在环境中的行为与感知,由此产生社会归属感。提升社区矫正对象的社会归属感,促进社区矫正对象融入社会并成为守法公民,对于降低再犯率

---

① 〔德〕托比亚斯·格赖特迈尔:《社会心理学》,陆丽娟译,上海社会科学院出版社2020年版,第94页。

有重要意义。①

　　提升社区矫正对象的社会归属感需要多方发挥协同作用。第一,教育矫正能够帮助社区矫正对象增强融入社会的信心。有研究显示,教育矫正在改变社区矫正对象的认罪悔罪意识淡薄、参与社区活动意愿低、错误的金钱观等方面有显著影响。教育矫正能够对社区矫正对象的心理层面、认知层面产生一定的积极作用。比如,可以通过开展法治宣传教育,增强社区矫正对象的在刑意识、悔罪意识;通过心理健康指导,缓解社区矫正对象的心理压力,增强社区矫正对象融入社会的信心。② 第二,参与社会活动能够扩大社区矫正对象的社会支持网络,提高其融入社会的能力,提升社会归属感。受社会舆论压力、他人歧视以及自我封闭思想的影响,社区矫正对象融入社会的主动性往往较低,社会工作者要扮演好倡导者的角色,增强大众对社区矫正价值和意义的认识,消除歧视,以减轻社区矫正对象的心理压力。此外,社会工作者还需要鼓励一些自我封闭的社区矫正对象积极参与社会活动或公益活动,主动与他人交往,构建新的社会关系网络,提升自己融入社会的能力。第三,社区矫正对象的家庭环境和家庭关系与他是否会重新犯罪有密切关系。家庭环境越好,家人之间的关系越紧密,越不容易再次犯罪。③ 社会工作者可以关注社区矫正对象与其家庭成员之间的关系,通过开展关爱家庭的活动,缓和部分矫正对象紧张的家庭氛围,帮助社区矫正对象获得家庭的支持。

　　因此,J街道的矫正社会工作者秉持专业价值理念并运用专业方法,在矫正过程中加强对非沪籍社区矫正对象社会归属感的介入,通过开展"精彩北站"系列活动,从思想、情感和心理上引导非沪籍社区矫正对象增强对城市社会生活的认同感。通过提升社区矫正对象的法律意识,恢复和

---

① Warner K., Penal Policy and the Adult Education of Prisoners, in Susan Caffrey S., Mundy G(eds.), *Crime, Deviance and Society*, Greenwich University Press, 1996.
② 李光勇:《青年社区服刑人员社会融合测量与影响因素检验——基于上海市六个区的问卷调查》,载《中国青年研究》2015年第9期。
③ Andrews D. A., James Bonta, *LSI-R User Manual*, MHS, 2001, p. 63.

增强家庭功能,扩大社会支持网络等途径,强化非沪籍社区矫正对象的社会归属感,使他们愿意承担作为社会成员的责任和义务,最终顺利融入社会。

二、项目目标

(一)长期目标

通过提升社区矫正中教育矫正的质量,加强对社区矫正对象及其家庭的帮助和服务,提升社区矫正对象的社会责任感和社会归属感,帮助非沪籍社区矫正对象顺利度过矫正期,最终回归社会。

(二)具体目标

第一,开展有针对性的教育矫正活动,学习法律知识,提升法律意识,增强矫正对象的认罪、悔罪意识。

第二,开展针对社区矫正对象及其家庭的关爱活动,帮助其家庭恢复和增强功能,促进亲子关系改善,增强社会归属感。

第三,开展公益服务和爱心活动,强化非沪籍社区矫正对象的社会责任感与归属感。

三、项目计划

(一)项目准备阶段

1. 时间

2014年6月—2014年7月。

2. 任务概述

该阶段的主要任务包括全期活动设计、资源链接、物资准备、工作人员安排,以及拟定活动开展中需要邀请的专家、志愿者名单等。

(二) 项目执行与评估阶段

1. 时间

2014 年 7 月—2019 年 8 月。

2. 任务概述

该阶段的主要任务为活动的执行及实施效果评估。活动计划每季度开展一次,活动参与人员每次为 20—25 人。每场活动结束后,社会工作者会根据活动中观察到的人员表现以及活动参与人员的反馈对活动效果进行评估。具体活动计划如表 14-1 所示。

表 14-1 "精彩北站"项目的活动计划

活动类型	活动主题	活动内容
教育矫正活动	"精彩北站·心理健康教育"主题活动	1. 心理健康教育讲座 2. 心理健康指导
	"精彩北站·法治专项教育"主题活动	1. "遵守交规,文明出行"交通专项教育 2. 七浦路商业街法治宣传专项教育
	"精彩北站·爱国主义教育"主题活动	1. 纪念抗日战争胜利 70 周年红色教育活动 2. 纪念一二·九抗日救亡运动主题实践活动 3. 南京大屠杀死难者国家公祭日活动 4. "岁月·峥嵘"走进北站家园历史互动活动 5. "上海抗战历史"爱国主义讲座
关爱活动	"精彩北站·情系异乡人"节日关爱活动	1. 每逢中秋节、春节、端午节、元宵节等传统节日开展节日关爱活动
	"精彩北站·心在一起"关爱子女活动	1. 亲子互动活动 2. 亲子手工活动
公益劳动与爱心活动	"精彩北站·公益劳动"主题活动	1. 共享单车整理 2. 垃圾分类引导
	"精彩北站·爱心遍西藏"主题活动	1. "服务在社区,爱心遍西藏"主题社区服务 2. "爱的色彩在行动,爱心遍西藏"主题教育活动 3. "感恩回归路,爱心遍西藏"主题活动

(三) 项目总结与结项阶段

1. 时间

2019 年 8 月—2019 年 9 月。

2. 任务概述

在该阶段,社会工作者将对所有已完成的活动进行梳理和总结,具体内容包括:行政上,社会工作者对活动台账进行整理归档、核算资金使用情况等;专业上,社会工作者进行自我总结和反思、对项目成效进行自我评估并接受项目督导。

四、活动执行

(一) 教育矫正活动

教育矫正活动每季度开展一次。社会工作者根据非沪籍社区矫正对象的家庭、生活、心理状况以及其他普遍存在的问题,在街道司法所的支持下,挖掘、整合社区资源并结合时事等,开展以提升非沪籍社区矫正对象社会归属感为目的系列教育活动。

对非沪籍社区矫正对象进行有针对性的、契合社会环境的教育是本项目的核心环节。本项目的教育矫正活动不同于一般的教育活动,它更生动、更符合非沪籍社区矫正对象的需求。

1. "精彩北站·心理健康教育"主题活动

社会工作者结合扫黑除恶专项活动邀请心理咨询师为社区矫正对象开展心理健康教育,从心理学的角度分析非沪籍社区矫正对象的行为逻辑,剖析这种行为产生的原因,帮助活动参与者提高警惕,防止参与或被卷入违法犯罪活动。此外,社会工作者通过日常接触和活动中的观察,发现有部分社区矫正对象存在心理压力过重的问题,包括对社区矫正规定适应不良、伏法态度较差以及因缺少家人的理解和支持而产生消极心理等。针对上述存在心理压力的社区矫正对象,社会工作者和心理咨询师通过单独访谈的方式,为他们找到压力根源,舒缓不良情绪。

2. "精彩北站·法治专项教育"主题活动

社会工作者组织开展"遵守交规,文明出行"交通专项教育。2016年,上海市开展交通违法行为大整治"遵守交规,文明出行"的专项教育,社会工作者结合该项教育活动,组织社区矫正对象以参加交通管理志愿活动的方式替代常规社区服务。参与交通管理活动,一方面能够增强社区矫正对象学法、懂法、守法的意识,通过志愿活动提升社会参与度,增强社会归属感;另一方面还有利于消除社会民众对社区矫正对象的歧视,减轻社区矫正对象的心理压力。

社会工作者组织开展七浦路商业街法治宣传专项教育。七浦路商业街有不少非沪籍社区矫正对象,其中有的人因为寻衅滋事而被判接受社区矫正,但更多的则是因销售假冒注册商标商品而违反法律。因此,让他们作为志愿者参与到法治宣传活动中来,可以增强法治教育的参与性和互动性,营造懂法、守法的良好社会氛围。

3. "精彩北站·爱国主义教育"主题活动

为更好地进行社区矫正教育工作,使非沪籍社区矫正对象认罪、悔罪,并增强其社会责任感与归属感,社会工作者在传统法治教育、心理健康教育的基础上,挖掘社区资源,充分发挥社区红色教育优势。社会工作者积极链接辖区内的红色教育资源,与四行仓库抗战纪念馆、中共三大后中央局机关历史纪念馆多次开展爱国教育活动,以此增强社区矫正对象的爱国意识。

(二)关爱活动

以家为载体,结合"人在情境中"的理论构建家庭支持网络、改善家庭环境、协调家庭关系,是介入非沪籍社区矫正对象的重要工作思路。在"精彩北站"系列关爱活动中,社会工作者以家庭为载体,开展节日关爱活动和关爱子女活动,帮助社区矫正对象恢复和增强家庭功能,促进亲子关系,增强社会归属感。

1. "精彩北站·情系异乡人"节日关爱活动

"精彩北站·情系异乡人"是每逢中秋节、春节、端午节、元宵节等传统节日开展的系列活动,活动结合中华优秀传统文化,开展形式多样、内容丰富的社会实践,如"品月饼座谈会""翰墨飘香写春联、贴福字活动"、包粽子、做汤圆等。组织人文小组活动可以展现社区矫正宽严相济的管理制度,增强矫正对象自觉接受社区矫正的动力,巩固社区矫正成果,预防他们再次违法犯罪。这也是本土化社区矫正方法的一种创新。

典型案例

有一名马来西亚籍的社区矫正对象,因偷逃税款被判处缓刑。根据社区矫正的相关规定,在社区服刑期间他不能随意离开居住地。他的妻子和三个女儿都在马来西亚,他在中国的朋友也不多,社会支持网络相对薄弱。因此,每逢中国传统节日,社会工作者都会邀请他参与"精彩北站·情系异乡人"活动,让他通过参与活动缓解思乡之情。

2. "精彩北站·心在一起"关爱子女活动

"精彩北站·心在一起"关爱子女活动的开展是为了激发社区矫正对象的家庭责任感,把社会适应性帮扶工作延伸到家庭,完善家庭支持系统,从内而外为社区矫正对象增能,多角度预防重新犯罪等问题的发生。

针对那些有未成年子女但不在身边的非沪籍社区矫正对象,社会工作者会定期开展关爱子女活动。研究表明,在儿童成长的早期,父母的陪伴是至关重要的。因非沪籍社区矫正对象在社区矫正期间不得离开居住地,所以他们会与未成年子女处于较长的分离状态,关爱子女活动正是为弥补亲子关系而设计。

典型案例

有一名来自苏州的女性社区矫正对象,因虚开增值税发票被判缓刑三年。当时她女儿正好读初三,即将面临中考。在判刑前,她每周末坐高铁往返苏州照顾女儿,了解女儿的学习情况。宣告社区矫正后,她无法每周回苏州,也不愿向女儿说出真相,怕影响女儿的情绪和学习成绩。判刑后,该矫正对象的心理波动很大,每次到社会工作站点报到都会哭泣。在评估情况后,社会工作者为她安排了心理疏导和心理咨询服务,并且邀请她参加"精彩北站·心在一起"关爱子女活动,让她学习处理现阶段法与情的关系,从另一个方面为女儿树立榜样。

对于子女在身边的非沪籍社区矫正对象,社会工作者也根据其需求开展各类亲子活动,以加强家长与孩子之间的情感交流,促进孩子的身心发展。如开展亲子交心活动,邀请社区矫正对象与子女分享"一件最愉快的事"和"一件不开心的事",并根据分享的内容进一步引导矫正对象进行自我剖析。通过案例分享的形式,提醒各位矫正对象只在生活上满足孩子的需求是不够的,情感交流也必不可少。

此外,社会工作者还开展"理想家园"亲子手工活动。该活动是通过与子女共同合作的形式完成手工作品。社会工作者和志愿者在该活动中扮演手工指导者角色,耐心讲解制作方法和步骤。"理想家园""建成"后,社会工作者引导每个参与的儿童讲述了自己的创作理念以及对理想家园的憧憬。社会工作者借此机会向矫正对象表达出理想家园需要靠诚实劳动、合法经营、努力工作来获得。该活动加强了矫正对象与子女间的互动,做手工搭建梦想中的家园的方式也增强了矫正对象的家庭责任感和积极接受社区矫正的动力。

"精彩北站·情系异乡人"节日关爱活动和"精彩北站·心在一起"关爱子女活动将社会工作方法中的小组工作方法与中华优秀传统文化及本土化矫正方法相结合,通过亲子活动增强了非沪籍社区矫正对象的社会归属感,起到了良好的矫正效果。

(三) 公益劳动与爱心活动

参加公益劳动能够让社区矫正对象体验为社会奉献,增强其社会责任感。[①] 在"精彩北站"系列活动中,社会工作者拓展了社区服务的形式,组织了多种公益劳动和社区服务。

1. "精彩北站·公益劳动"主题活动

近年来,共享单车在便捷城市生活的同时,也引发了一些社会问题,乱摆乱放就是其中之一。对此,社会工作者成立了公益服务队,将社区服务内容改为在社区内整理路边的共享单车。除此之外,社会工作者还结合垃圾分类活动,组织矫正对象在社区内协助开展与垃圾分类有关的活动,包括开设"垃圾分类小课堂"学习垃圾分类知识、引导社区居民进行正确的垃圾分类投放等。

2. "精彩北站·爱心遍西藏"主题活动

"精彩北站·爱心遍西藏"是"精彩北站"项目中颇具特色的系列活动。社会工作者在与一些非沪籍女性社区矫正对象的接触过程中得知她们都喜欢给小孩子编织毛线衣物,且有两位矫正对象的编织技术精湛。在这之前,社会工作者通过某援藏律师了解到西藏某地区的儿童缺少保暖物品。于是,社会工作者把社区服务和奉献爱心结合起来,转变了每月非沪籍社区矫正对象开展的常规社区服务活动形式,开展了为期半年的"服务在社区,爱心遍西藏"主题社区服务活动。活动内容是组织女性社区矫正对象编织衣物。半年后,经过社区协调,编织的成品衣物被寄送到西藏,通过当地政府分发给了某小学的学生。

除了女性社区矫正对象参与的爱心活动外,社会工作者还开展了"爱的色彩在行动,爱心遍西藏"主题教育活动,让所有的社区矫正对象参与进来。在该活动中,社会工作者鼓励社区矫正对象捐赠自己子女多余的学习

[①] 张昱主编:《矫正社会工作》,高等教育出版社 2008 年版,第 211 页。

用品和旧衣服。活动共收到捐赠的文具和书籍三箱、衣服五箱，这些物品之后也被送往西藏。这一活动受到受助地区政府的重视，在收到捐赠的第二天他们就组织人员分发了捐赠物。

之后，社会工作者还组织了"感恩回归路，爱心遍西藏"等爱心社区服务活动，通过整合社会、社区资源，将普通的社区服务变得更有意义。这种本土化的社区矫正工作充分尊重并挖掘了非沪籍社区矫正对象的潜能，不仅提高了他们参与社区服务的积极性与主动性，还增强了他们的社会归属感，取得了良好的矫正效果和社会效益。

五、项目成效

根据项目服务对象的特性，结合项目活动设计和实施情况，本项目的评估方式主要为社会工作者的观察总结以及社区矫正对象的直接反馈。

（一）服务对象的改变

组织社区矫正对象参加公益活动，能让他们深切体会奉献的价值和意义，感受到每个人与生俱来的尊严。此外，这还能发掘他们的优势与潜能，激发他们做出改变，以实现自我价值，最终顺利回归社会。社会工作者通过活动中观察、活动后与社区矫正对象直接交谈以及日常与矫正对象家人的交流，可以明显感觉到大部分矫正对象在心理、家庭和社会层面有不同程度的改变。

在心理健康层面，社区矫正对象通过接受心理健康辅导，对自我状态有了更深刻的了解，并学会了调节不良情绪和错误认知。

在法治观念层面，社区矫正对象通过学习法律知识和参与法治宣传教育，树立了法治观念，大部分对象能够真诚地认罪、悔罪，即便是之前认罪、悔罪意识较差的社区矫正对象的态度也发生了极大的变化。有社区矫正对象表示："对于以前犯的错误（虚开增值税发票），我之前觉得很冤枉，明明大家都是这么做的,只有我被发现受到了惩罚。但是我现在很后悔,深刻认识到了自己的行为是违法犯罪,能够在社区服刑是法律对我的宽容。今后,我会好好学习法律。"

在家庭层面,社区矫正对象通过参与亲子活动、与子女共同完成任务,改善了亲子关系,增强了家庭责任感。在一次亲子活动后,有社区矫正对象向社会工作者表示:"参加这样的活动,我和孩子都很放松,家庭幸福比什么都重要,以后无论做什么都要多考虑对家庭和孩子的影响……我要珍惜这次社区矫正的机会,吸取教训。"

在社会参与层面,公益服务和活动的参与激发了社区矫正对象的感恩之心和回馈社会的善心。在"感恩回归路,爱心遍西藏"主题活动中,有社区矫正对象向社会工作者表示:"我们捐赠的物品对受助者来说可能微不足道,但在帮助别人的过程中我收获了快乐。"

(二) 社区环境的营造

"精彩北站"系列活动的开展营造了包容性的社区氛围,打破了社区的封闭性和排他性,在社区资源共享的基础上,不同地域、不同职业、不同身份的社区矫正对象得以更好地融入社区,进入社区参与各类活动,也有助于社区以更加宽容和开放的态度接纳他们。宽容、友爱、文明、和谐的社区氛围对社区矫正对象重塑完善的人格、良好的品行,同时进行积极的自我探索,是非常有利的。这可以激发他们产生向善的动力。

六、项目反思

(一) 社区矫正社会工作者的角色

在社区矫正的过程中,社会工作者承担了多种角色。作为资源整合者,他们把社区矫正对象的需要与社会资源链接起来,以解决社区矫正对象面临的问题。作为使能者,他们帮助社区矫正对象发现拥有的能力和资源,并促使他们充分发挥潜能,从而增强其社会功能。作为教育者,他们通过组织集中学习、公益劳动等方式对社区矫正对象进行法治、思想、道德等方面的教育。

(二)项目推广价值

本项目具有一定的推广价值。"精彩北站"项目所开展活动的主题是根据当时非沪籍社区矫正对象的构成和社区发展状况确定的。随着项目的推进,社会工作者愈发深刻地感受到非沪籍社区矫正对象在社区矫正中面临着困难。因此,"精彩北站"项目有持续开展的必要,通过设计更加专业且有针对性的服务,基于相关政策法规整合社区资源,可以尽可能挖掘矫正对象本身的优势和社会支持系统,提升其社会归属感,帮助他们更好地适应社会。

(三)项目改进方向

本项目的成效评估关注的是结果,通过比较干预前后矫正对象在心理、认知、家庭关系以及社会参与等方面的变化,判断项目目标是否实现。具体方式是,社会工作者在活动中观察和记录社区矫正对象的活动参与情况,并及时收集社区矫正对象的直接反馈。但由于评估仅使用了观察法、访谈法等定性研究方法,因此项目服务的有效性受到一定的质疑。比如,在收集矫正对象反馈信息的过程中,由于是当面反馈,矫正对象容易受环境压力的影响,给出积极正向的信息。为解决这一问题,建议在未来的评估中使用量表等测量工具,或采用匿名方式收集反馈信息,以提高评估的客观性和准确性。

(作者:苏 洁)

传承文化　剪出精彩
——剪纸艺术在社区矫正日常教育中的应用

一、优秀传统文化应用于青少年社区矫正的缘起

社区矫正是指将符合条件的罪犯置于社区内,由专门的国家机关在相关社会团体和民间组织以及社会志愿者的协助下,在判决、裁定或决定确定的期限内,矫正其犯罪心理和行为恶习,并帮助其顺利回归社会的非监禁刑罚执行活动。青少年社区矫正对象包括进入刑法处罚范围的14周岁以上的未成年人和18周岁至25周岁的青年。让青少年进行社区矫正,主要是由于他们生理、心理存在特殊性,犯罪原因往往也较为独特,不适合采取监禁措施。

上海市公布的《关于进一步加强青少年社区服刑人员分类矫正工作的实施意见》要求,针对青少年社区矫正对象心智不成熟,思想不稳定;缺乏法律意识;家庭功能不完善;以强烈的自我满足为主,追求过高物质享受和个体感官刺激,大多具有极端个人主义的人生观和价值观的特点开展矫正工作。根据该意见,长宁区"魔力爱行动"项目组自2011年开始探索针对青少年社区矫正对象的分类矫正项目,以发展身心健康、生活态度积极、人际交往良好、具有一定文化和就业技能、能较好适应社会发展的青少年为工作目标。

党的十八大以来,习近平总书记在多个场合谈到中国传统文化,并表达出对传统优秀文化、传统思想价值体系的认同。这些思想文化体现着中华民族世世代代在生产生活中形成和传承的世界观、人生观、价值观、审美

观等,其中最核心的内容已经成为中华民族最基本的文化基因。上海市社区矫正管理部门要求针对社区矫正对象,深化践行社会主义核心价值观教育,紧紧围绕社会主义核心价值观,对标"五大改造"总要求,以认罪、悔罪、赎罪教育为主线拓展丰富教育矫正内容,注重运用社会主义法治文化、优秀历史传统文化、新时代经济社会发展成就和社会文明风尚等,系统开展教育矫正工作。青少年正处于世界观、人生观和价值观形成的关键时期,而社区矫正青少年普遍未树立正确的世界观、人生观和价值观。因此,如何充分运用优秀传统文化及"民族、民俗、民间"文化资源引导社区矫正青少年树立正确的世界观、人生观和价值观,引导他们树立远大的抱负,奋发图强,成为我区"魔力爱行动"项目组一直在思考的问题。

我国剪纸艺术历史渊源久远,有极高的艺术性和观赏性。剪纸起源于古人祭祖祈福的活动,是观察民俗、民风文化传承的窗口,从剪纸的主题中也可以体察传统信仰与人文。因此,综合文化性、新颖性、便捷性、趣味性等因素,社会工作者选择以剪纸为载体开展一系列针对青少年社区矫正对象的矫正工作。

二、剪纸艺术在青少年社区矫正中的本土实践

在具体实践过程中,项目组对青少年社区矫正对象开展了需求评估,并根据评估结果制定矫正方案,采取针对性的措施,实现了改变社区矫正对象心理和行为,促使其回归社会的最终目的。

(一)问题与需求评估

通过面谈、家庭与社区走访、调查问卷等方式,社会工作者收集了长宁区在册的青少年社区矫正对象学习、就业、家庭关系、社会交往等方面的信息。经评估,青少年社区矫正对象有以下几方面的需求:

1. 提升情绪控制能力的需求

大部分青少年社区矫正对象所犯为冲动型暴力犯罪,这与他们易受外

界刺激,感情冲动的特征密不可分,因此教导他们在遭遇突发状况时正确控制自己的情绪是避免再次违法的重要内容。此外,因犯罪行为遭受社会的否定评价,也会让青少年社区矫正对象产生消极情绪,帮助他们调整好自己的情绪,正视现状,勇于改变,也是矫正的重要内容。

2. 改善亲子沟通关系的需求

青少年社区矫正对象所在的家庭中,失和现象比较普遍。有的家庭其成员之间关系紧张,经常争吵,家庭难以发挥完整的功能,不再是青少年健康成长的"港湾";有的家庭其成员忙于生计,疏忽了对孩子的教育与关心,与处于叛逆期的青少年无法正常沟通。一般而言,青少年社区矫正对象往往感受不到来自家庭的温暖和关怀。

3. 拥有健康业余课余爱好的需求

青少年有着极其强烈的自尊心,希望在社会群体中得到他人的认同,找到适合自己的位置。在自我认同建构的过程中,他们容易受到朋辈群体的影响,所接触的朋辈群体的价值体系与规范会影响其价值观念的形成。而网络、电视、广播、报纸、杂志、电影等构成了新时期的大众传媒,从我国的现实情况看,大众传媒传播的信息驳杂,有些信息给青少年带来了负面影响。为了降低青少年受这两方面因素影响的程度,让他们拥有健康的业余课余爱好很有必要。

(二) 项目成员的确定

青少年社区矫正对象的个性特征、家庭特征与社会特征比较相似,2016—2017 年长宁区青少年社区矫正对象数量保持在个位,因此"魔力爱行动"项目组将本区全体青少年社区矫正对象招募为项目成员。

(三) 理论基础

1. 艺术治疗理论

艺术治疗是一种心理治疗方法,透过非语言表达和沟通的机会,允许当事人经由非口语和口语的表达及艺术经验,探索个人的问题及潜能。艺术治疗有两种主要技术:第一种技术是把艺术的表达作为治疗的工具,以当事人的艺术产品配合联想和解释,帮助当事人发现自己的内在世界与外在世界的关系;第二种技术是利用艺术创作的过程,调和当事人的情绪冲突,升华情感,并帮助当事人自我探索、自我了解,以达到自我成长。

由此可见,艺术治疗首先是一种心理治疗方法,它在心理学以及艺术理论的基础上,通过多种艺术活动促使当事人进行非语言表达,最终调和情绪冲突,促进自我成长,改变生活状态。团体中的艺术能使成员在陈述、分享作品时,唤起旁观成员的情绪反应,激励其他成员积极参与活动,增进团体间的互动和凝聚力。

2. 认知行为理论

认知行为理论认为,在认知、情绪和行为三者中,认知发挥着中介与协调的作用。认知对个人的行为进行解读,这种解读直接影响着个体最终是否采取行动。

艾利斯提出了认知的 ABC 理论,该理论的基本要素包括:真实发生的事件,人们如何思考、感受、自我告知和评估其所遭遇的事件,以及人们思考、感受、自我告知和评估此事件的情绪结果。认知行为理论将认知用于修正行为,强调认知在解决问题过程中的重要性,以及内在认知和外在环境之间的互动。

(四) 服务内容和过程

1. 走进剪纸艺术之门

(1) 第 1 次剪纸小课堂:剪纸技法入门

本次活动邀请剪爱公益服务社的老师开展剪纸课堂的第一节课。受邀老师是闵行颛桥海派剪纸的传人。中国剪纸以长江为界,分为北派和南派,海派剪纸作为南派的一部分,以写真、写实、细腻、耐看而闻名。老师在课堂中传授的是徒手剪纸技术,要求纸不转剪刀转。活动中,老师教授了花朵和"双喜"的剪法。

在剪纸老师的帮助下,社会工作者向参与活动的青少年社区矫正对象讲授了中华美德和中华优秀传统文化,并帮助他们更深刻地理解了社会主义核心价值观。

(2) 第2次剪纸小课堂:剪纸技法入门

本次活动依旧是剪爱公益服务社的老师进行讲授。内容主要包括剪蝴蝶和窗花。老师先讲解这两种剪纸的原理,再分批次示范了剪纸。有了前次剪纸的基础,这次服务对象所剪的窗花获得了老师的表扬。

在剪纸的同时,社会工作者通过互动的方式让矫正对象对我国的优秀传统文化有了更多的了解,还制定了活动宣言,即"传承中华传统,完善自我品格,启迪人生智慧,成就非凡梦想",并和矫正对象一起进行了宣誓。社会工作者向矫正对象推荐了与传统节日有关的书籍,包括《腊八节》《中国趣味饮食文化》等,希望矫正对象通过剪纸及读书活动来了解更多的优秀传统文化。

2. 发现剪纸艺术之美

(1) 第3次剪纸小课堂:对称剪纸练习

本次活动仍由剪爱公益服务社的老师教授,内容是关于帆船和大象的剪法。社会工作者一边辅导矫正对象,一边帮助他们感受剪纸活动对生活的影响。活动中,有两名男性青少年矫正对象被老师多次表扬,他们能够按量完成作业且剪纸手法细腻。他们表示,自己以前从未想过学习传统文化,剪纸活动丰富了他们的生活,他们对这一活动非常感兴趣。

(2) 第4次剪纸小课堂:对折剪纸练习

本次活动的主要内容是剪猪头和猫咪。社会工作者首先配合老师收取了作业,老师对大家的作业一一进行了点评。之后是剪纸的正式教学。下课前,老师布置了作业,并表示希望大家回去后能多练习,做到熟能生巧,将剪纸作为磨炼意志、修身养性的方法。

(3) 第 5 次剪纸小课堂:剪雪花窗花

本次活动开展时正值冬天,因此老师将剪纸的内容确定为了不同形态的雪花。三折后的雪花有六瓣,四折后的雪花有八瓣……折得越多,越难下刀,剪哪个位置也成为挑战,但因为有前几次课堂学习的剪纸经验,矫正对象都表示很有信心,还觉得剪纸内容能与季节结合起来非常有趣,回家后还会与家人一同动手。

3. 体验剪纸艺术之功

(1) 第 6 次剪纸小课堂:剪纸创作练习

本次活动的内容为剪蜗牛和郁金香。老师在课堂上进行了示范教学。课程结束前社会工作者布置了家庭作业,希望矫正对象回家后与家人进行沟通,了解家人的生肖,回忆自己小时候的家庭环境、氛围。

(2) 第 7 次剪纸小课堂:活动总结及 12 生肖剪纸入门

这次是全年的最后一次活动,社会工作者与剪纸老师首先对活动进行了回顾,之后让矫正对象分享了回家后与家人聊天时得知的与生肖有关的家庭故事。接着,社会工作者代表剪纸老师向所有参与活动的矫正对象赠送了生肖剪纸礼物。最后,社会工作者向矫正对象重申了剪纸活动的意义,与大家一起学习了十二生肖剪纸中小狗剪纸的方法。

4. 领悟传统文化之魂

在八个月的剪纸学习中,矫正对象剪出了很多优秀的作品。课程结束后,社会工作者要求每位活动参与者装裱不少于 5 幅剪纸作品,并进行装饰。

从剪纸到装裱剪纸作品,青少年社区矫正对象对中华优秀传统文化有了更具体的感知。整个活动过程中,大多数矫正对象都能积极参与,与他人分享自己的所思所想。以前在活动中表现较内向的矫正对象也有了很大的改变,能够主动发表自己的观点。这说明该活动是有效的,能逐渐改善矫正对象的认知与行为。

三、效果评估及经验总结

（一）效果评估

社会工作者通过观察、访谈等方法对剪纸在青少年艺术矫正中的应用效果进行评估。活动开展过程中，矫正对象能全程参与活动。虽然活动刚开始时，个别人员不能按要求及时完成家庭作业，但随着活动的推进，矫正对象们渐渐融入其中，到最后甚至有矫正对象提前交作业，还会主动向老师请教他们感兴趣的剪纸图案的剪法。在社会工作者的引导下，活动气氛活跃、友好，矫正对象不仅乐意展示自己的作品，还愿意分享作品背后的故事，并给他人正向的鼓励与肯定。

矫正对象们表示，刚开始时，在父母的询问下他们才会提到剪纸活动，但随着时间的推移，尤其是多次体验剪纸后，他们会主动向父母提及活动的情况。在后期，有部分矫正对象的家人也参与到了剪纸活动中，与自己的孩子一起完成剪纸作品。在项目总结会分享视频时，矫正对象小范讲述了他参与活动后的感悟，并对老师给予的尊重、接纳与帮助表示感谢，活动让他认识到冲动会付出惨痛的代价，知道了控制情绪的重要性，学会了不开心时如何释放郁闷情绪。

参与项目活动的矫正对象无一人再次违法犯罪。街镇司法所也反馈，参与活动的矫正对象能够配合司法所的日常监管，积极参加社区服务。个别矫正对象刚入矫时有强烈的抵触情绪，但随着参与活动次数的增加，抵触情绪明显降低，甚至在个别教育时能向社会工作者主动汇报近期情况，对社会工作者的教育也能进行正面回应。

（二）服务目标的实现程度

矫正对象在多方面有明显的改变：

第一，自我认同感提高，能够面对自己所犯的错误，在处理不良情绪时也有了更好的方法。

第二，亲子关系有所改善，矫正对象与其家人营造和谐家庭氛围的信心有所提升。

第三，对社区矫正日常管理的抵触情绪有所缓和，社区融入度有较大提高。

(三) 服务受益对象

本项目的直接受益对象共11人，含亲友与社区居民在内的间接受益对象近百人。

(四) 服务可持续性分析

随着青少年社区矫正对象数量的逐年下降，剪纸艺术活动项目在青少年社区矫正对象的专项集中教育中已无法继续开展。但是，作为中华优秀传统文化的一种艺术形式，作为艺术矫正的一种载体，剪纸可以推广到其他分类教育矫正项目中。长宁区社区矫正中心已将该方法纳入教育矫正的课程清单，希冀为更多的社区矫正对象提供艺术治疗服务。

四、剪纸艺术在矫正中产生作用的原因

第一，活动参与人员年龄相仿，共同语言多，动手能力强，思维活跃，对社会工作者与剪纸老师的引导能给予积极反馈。

第二，剪纸艺术矫正具有非言语沟通的特质，它可以在不干扰矫正对象防御机能的同时，合理地让他们发泄潜压抑的不良情绪。该方法适用于在社区矫正初期对社区矫正日常监管有抵触情绪的青少年社区矫正对象。

第三，剪纸作为艺术矫正的一种形式，工具易得，入门简单。无论参与者是否接受过专业训练，无论作品好不好看，都可以参与。

第四，社会工作者与剪纸老师配合紧密。项目由有十多年一线工作经验的资深社会工作者负责。项目开始前，她与剪纸老师就课程设置、分工、

目标要求进行了充分的沟通。而剪纸老师则是一名退休的幼儿园教师,她的指导有耐心、亲和力强,能够让矫正对象感受到关怀。在活动过程中,两人能够相互补充、默契配合。

第五,社会工作者与指导老师的专业能力得到矫正对象的认可。在活动过程中,社会工作者与矫正对象是一种合作性的伙伴关系,矫正对象的认可与接纳是活动顺利进行的基础。

五、反思与讨论

(一) 社会工作者的角色与作用

1. 引导者与促进者

如果没有目标和方向,活动将难以取得成效,因此社会工作者在活动过程中要不断澄清项目目标,并指明方向。同时,社会工作者还要对活动中发生的事件及时做出反馈,帮助营造良好的活动氛围。

2. 调解者与评估者

参与活动的矫正对象有不同的背景,每个人都有自己的独特性,因此难免出现矛盾与冲突,社会工作者要适时进行调解,促使活动顺利开展。在活动的每一个阶段,社会工作者都要评估矫正对象的需求、成长与改变,以及小组进程的快慢、目标达成的程度等,并根据评估及时总结和决定介入的行为。

3. 整合者与协调者

艺术矫正项目的开展需要资金、场地以及人力等方面的资源,因此社会工作者在活动开始前需要向机构提出申请、递交工作方案、争取批准和资源支持,并多方链接资源,找到能够胜任这一特殊指导工作的老师。在活动开展过程中,社会工作者则要积极与老师、矫正对象协调活动开展的时间,还要根据参与者的情况及时调整需要的资源。

(二) 项目取得成效的原因

1. 朋辈群体的积极影响

本项目是根据青少年社区矫正对象的需求与特征而设计的。朋辈群体是一个人成长中的重要环境因素,在青少年时期,朋辈群体的影响甚至可能超过父母和老师。朋辈群体间的相互理解、支持、关心和尊重,满足了青少年交往、归属及尊重的需要。活动中,朋辈群体的互相帮助、互相启发进一步促成了项目成效的取得。

2. 艺术矫正形式的使用

集中教育是教育矫正的形式之一。日常的集中教育一般采取授课、讲座的形式,但这会让社区矫正对象处于被动接受状态,长期接受相同模式的教育容易让他们产生厌倦感。艺术矫正的形式则激发了矫正对象的创造热情,提升了他们的参与意愿,这使得本项目取得了良好的成效。

(三) 局限性

1. 剪纸艺术矫正在社会环境改变方面的作用需要突破

环境因素在青少年的社会化过程中起着重要的作用。青少年社区矫正对象的分类矫正工作还应注意创造有利于青少年改造的良好环境,并隔绝不良环境的影响。剪纸艺术矫正可以在朋辈群体建立与家庭关系改善方面进行正确引导,但对于其他社会环境,如学校、工作单位、社区及大众媒体方面的影响有限。为了提升矫正效果,帮助青少年社区矫正对象进行再社会化,社会工作者需要加强宣传,努力改善社会环境。

除了针对社区矫正青少年,本站还计划与检察院和青少年社会工作者站合作,开展非诉青少年的教育矫治工作,扩大现有的剪纸艺术矫正的使用范围,帮助更多青少年健康发展。

2. 剪纸艺术矫正效果评估有待加强

艺术矫正因其独特的优势在矫正治疗中发挥着不可替代的作用。但艺术矫正也有一定的局限,比如,在评估和诊断时没有标准化的测量工具,不容易测量;又如,艺术矫正起源于欧美,其本土化使用还在探索阶段,这也意味着,剪纸在青少年社区矫正对象艺术矫正中效果评估科学性的探索还有很长的路要走。

六、评估与改进

(一) 本项目的评估

艺术矫正作为社会工作服务技术方法的一种,在特定人群的精神、行为矫正过程中得到了普遍应用,园艺疗法、音乐疗法等都是常见的艺术矫正方法。本项目最大的亮点即在于将传统的剪纸艺术应用到了艺术矫正的过程中。这种剪纸艺术在青少年社区矫正中的应用尝试,是值得肯定和继续深入探索的。

本项目的实务逻辑是:首先,通过对青少年社区矫正对象的评估,发现他们在个人情绪、亲子关系和日常行为习惯上存在问题。其次,采用学习剪纸的方法,迫使他们动手进行操作并尝试创作,培养其动手能力,通过行为带动思想改变。最后,寓教于乐,让矫正对象在剪纸艺术的学习过程中感受到动手的乐趣,进而提升自我价值感,达到艺术疗愈的目的。

(二) 项目记录的改进

本项目的记录,也有一些可以继续提升的地方:

第一,在对矫正对象的问题进行界定时,并不需要将所有问题都罗列出来,只要把剪纸艺术可以进行干预的部分列出来即可。这就像,给一位患有多种疾病的病人开处方,主要侧重的是药物具有何种功效,以及对病患的哪些病症可以予以治疗,而不是把病患所有的检查结论都放上来。

第二,在理论应用部分,把艺术治疗和艺术矫正讲清楚即可,尤其是剪纸艺术的特殊性,而对认知行为等理论可以不进行交代。实务记录往往遵循实效主义，什么内容都可以写，但开始进行项目案例撰写时，则要细化案例实务作用过程，厘清实务进程中的机理与原理。本项目的核心在于以剪纸艺术为内容的艺术矫正，因此理论也只需针对这一点即可。

第三，艺术矫正在青少年社区矫正中的应用核心在于，使用艺术的手法让青少年社区矫正对象去标签化，并投入艺术学习之中，进行艺术的表达和产出。因此，对社会工作者而言，不要一直关注矫正本身，而是应该关注给予矫正对象何种帮助以及矫正对象的改变。此外，社会工作者还应该关注剪纸艺术在矫正过程中的细节和循证内容，而不是简单认为剪纸艺术有效果或笼统认为有改善，有何种效果和何种改善才是循证实践关注的部分。

（作者：张　琳）

风信子的欢语
——赋能社区矫正女性群体的社会工作服务

一、项目的社会背景

我国司法部社区矫正管理局 2017 年公布的数据显示：2011 年，我国女性社区矫正对象的数量为 2 万人，占社区矫正对象总人数的 8.3%；到 2015 年女性社区矫正人数上升至 7 万余人，占社区矫正对象总人数的 10.1%。[①] 从该数据可以看出，整体而言，男性犯罪的发生率远高于女性；但与此同时，女性犯罪的发生率则处在快速增长的过程中，且增长速度高于男性。

女性犯罪发生率的上升，是世界各国的普遍现象。第二次世界大战后，随着全球经济的快速发展，女性犯罪发生率呈显著增长的趋势。我国近年来女性犯罪发生率的增长，亦与经济和社会发展速度加快紧密相关。这是因为，随着经济发展，越来越多的女性摆脱了传统的由性别规制的先赋性角色，通过接受教育和获得职业等方式，参与经济、政治、社会、文化生活，参与经济与社会现代化发展的进程。在此过程中，女性社会参与的深度和广度日益增加，这一方面给女性带来更多的自主和自由，但也导致女性犯罪发生率提高。

我国《社区矫正法》第 2 条第 1 款规定："对被判处管制、宣告缓刑、假释和暂予监外执行的罪犯，依法实行社区矫正。"在依法实行社区矫正的过

[①] 司法部社区矫正管理局编：《全国社区矫正发展情况与数据统计》，法律出版社 2017 年版，第 64 页。

程中,应"采取分类管理、个别化矫正,有针对性地消除社区矫正对象可能重新犯罪的因素,帮助其成为守法公民"。从法律规定可看出,社区矫正应采用分类管理和个别化矫正的原则,帮助社区矫正对象成为守法公民。女性属于特殊群体,《社区矫正法》对特殊群体有特别规定,其第 25 条规定:"社区矫正机构应当根据社区矫正对象的情况,为其确定矫正小组,负责落实相应的矫正方案……社区矫正对象为女性的,矫正小组中应有女性成员。"法律的这些规定表明,性别是社区矫正分类管理的重要考量因素。

二、项目的社会性别理论支持

性别有生理性别和社会性别之分:生理性别是从生物学意义上区分男性和女性的差别,进而划分的两种性别;社会性别则是在特定社会文化的作用和影响下,基于生理性别的不同所规定的能被社会接受和认可的行为方式和行为特质。两者的联系和区别在于,生理性别是自然的、先赋性的,而社会性别尽管建立在生理性别的基础上,但主要由社会文化建构、塑造和决定。在传统社会文化观念中,男性和女性在生物学意义上的不同和差异,被转换成了社会身份、地位及其所能获得的社会参与机会的悬殊差距。

现代女性主义哲学思潮的兴起,是一种女性解放运动,它通过理性地思考和反思传统以男性为中心的社会结构,致力于追求男女两性的社会平等。女性主义正视男性和女性在生物学意义上的不同和差异,但却并不认同由此所导致的男女两性的社会不平等。早期的女性主义主张女性作为独立的个体,应当与男性一样享有个体的基本权利和自由,不应屈从于男性,不应将妻子和母亲等附属性角色视为女性的全部,忽视女性的独立自主地位。马克思主义女性主义则看到由于种种结构性因素的影响,女性在经济、政治、社会生活中通常难以和男性平等相处,女性的需求常被忽略。

女性犯罪和矫正问题在很长时间内并未受到理论界和实务界的关注。但近年来,伴随女性犯罪现象日益增多,社会开始重视女性犯罪及犯罪的性别差异。在刑事犯罪领域,女性犯罪和男性犯罪一样受诸多不利因素的影响,但与此同时,研究亦发现影响女性犯罪的因素依然具有独特性。具体而言,影响两性犯罪的重要因素都包括家庭收入较低、就读学校中越轨行为的发生率较高、父亲或母亲曾实施犯罪、家庭冲突严重、父母监管不良等。但家庭经济状况、家庭教养方式、是否有过被害经历等因素对女性犯罪的影响程度高于男性。[1]

实施犯罪行为的直接后果,是受到法律的制裁和惩罚,而刑罚难免会对生活产生不利影响。这些不利影响同样存在性别差异。概言之,女性在身体健康、心理压力、社会关系等方面受到的影响更大,而男性则在工作、物质成瘾、再次犯罪等方面遭受更突出的不利影响。在阻断两性犯罪及再次犯罪方面,婚姻、家庭、人际交往和社会关系对女性有特别重要的影响,而社会身份、社会地位、职业成就等因素对男性的影响更大。[2]

三、项目的准备与前期调研

2017年,上海市新航社区服务总站金山区工作站在长期的社区矫正工作中发现了几个现象:一是近年来社区矫正女性群体的数量呈逐年增长的趋势,犯罪形式亦呈现出多样化和复杂化的特征。二是女性在实施犯罪行为并受到刑罚处罚后,会表现出诸多不同于男性的特质。传统社会文化观念重视"知耻",当社会成员做出被法律和社会规范不认可和不接受的行为时,社会会让其感到种种限制和压力,进而使其产生羞耻感,加之社会对于不同性别有不同要求和期待,对待女性往往更为严厉,因此女性在接受刑罚处罚后的羞耻感通常强于男性,自尊心和自信心也更加难以恢复。

而本区的社区矫正工作尚未足够重视犯罪和矫正的性别差异,具体表现在:一是根据性别分类教育和管理的意识不强,女性的独特问题和需求未能得到足够的关注。二是针对女性的教育和管理方法单一,在面对女性

---

[1] 李易尚:《国外发展犯罪学视角下的女性犯罪研究述评》,载《河北法学》2021年第9期。
[2] 同上。

社区矫正对象时,未重视社会性别的视角,采取的矫正方法与男性社区矫正对象相似,以说教、灌输观念的方式居多,目的在于强调安全警示、制度纪律、监督管理,以及降低矫正对象的再犯率等,而对她们所面临的生理、心理、社会交往及生活的困难关注较少。

基于此,工作站提出了一个以社会性别视角为理论支持、以独特的女性视角为关注出发点和落脚点的项目构想,并得到了区司法局和妇联的肯定,在相关职能部门的支持下,社会工作站设计、计划并实施了名为"风信子的欢语"的社会工作服务项目,为女性群体提供合适的社区矫正服务。

四、项目的需求分析

根据马斯洛的需求层次理论,人的需求主要分为五个层次:生理需求、安全需求、归属和爱的需求、尊重的需求与自我实现的需求。为了个体的健康发展,这五个层次的需求需要得到不同程度的满足。

为深入了解项目目标群体的需求,"风信子的欢语"项目组成员采用定量研究和定性研究相结合的方法实施需求调研,通过非参与式观察、深度访谈、座谈会、问卷调查等方法全面了解本区女性社区矫正对象的需求。调研对象共 401 人,发现需要帮助的对象 225 人,突出的问题主要集中在以下方面:

第一,心理健康方面。调研数据显示,与男性相比,女性社区矫正群体的心理健康水平更低。她们更容易受到自责、羞愧、悔恨等不良情绪的影响,产生情绪低落、情绪快速波动等问题,进而影响到睡眠、饮食及其他社会活动,甚至出现抑郁症状,产生轻生、自杀的念头。究其原因,在社会文化的影响下,女性更容易受到刑事惩罚和制裁所带来的社会性羞愧的影响,给自己贴上犯罪者的社会标签。

第二,家庭关系方面。调研发现,社区矫正对象在实施犯罪并受到刑罚处罚后,其家庭关系受到的影响存在性别差异。相比男性而言,女性社区矫正对象的婚姻关系、亲子关系等家庭关系的受损更严重。在极端案例中,一些女性社区矫正对象的家人会视其为家庭的耻辱;还有一些女性社区矫正对象认为自己是家庭的累赘,主动与家庭疏离。总之,女性社区矫正对象面临更严重的家庭撕裂问题。

第三,社会交往方面。调研发现,相比男性而言,女性社区矫正对象更易遭受社会歧视和排斥。犯罪者的身份是一种"污名",一旦女性社区矫正对象所背负的犯罪者的身份标签在社会交往中被识别出来,她们所遭受的价值贬低、身份贬损会更加严重。此外,女性社区矫正对象的"污名"标签相比男性而言也更加牢固。

第四,就业职业方面。调研结果显示,相比男性,女性社区矫正对象在接受刑罚处罚后,更难在劳动力市场上就业,其职业发展也十分困难。经济因素原本就是女性犯罪的重要原因之一,研究发现,女性犯罪者的教育水平和收入水平普遍较低,经济收入状况通常不佳。受到刑事惩罚和制裁后,女性寻找到合适的就业机会的可能性会大大降低,她们比男性群体被动"居家"的概率更高。

第五,精神价值方面。上述4个方面问题叠加出现会让女性社区矫正对象逐渐失去精神追求和人生目标,陷入一种精神空虚迷茫的状态,进而在精神价值方面出现问题。

如图16-1所示,在问题分析的基础上,"风信子的欢语"项目组梳理了目标群体的主要需求。

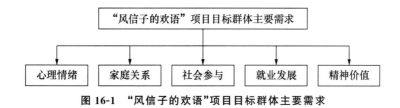

图16-1 "风信子的欢语"项目目标群体主要需求

五、项目的目的、目标与计划

在明确目标群体突出问题和主要需求的基础上,社会工作者设计了项目运作的目标和计划,并与目标群体持续沟通和交流,与她们在项目目标和策略上达成了共识。

女性社区矫正对象之所以面临严重的问题和压力,是因为在实施犯罪并接受刑罚处罚后,她们的权能受损。所谓权能,是指一个人拥有某种权利和能力,个体可以通过权利和能力调动环境中的资源完成某项工作和任务,达成目标和目的。权能的充足,代表着个体拥有对环境的影响力和控制力,以及对自身知识和技能的自信感和效能感;而权能的受损或缺失,则会让个体感到对环境缺乏影响和控制,自身处于无力和无能的境地。

增能赋权理论认为,不同社会群体所拥有的权能存在相当大的差距,一些特殊的边缘群体或脆弱群体常面临权能受限或缺失的困境。要帮助边缘群体或脆弱群体脱离困境,就需要为其增能赋权,即一方面提升脆弱群体的知识和技能,使其拥有更强的能力面对生活中的压力和挑战;另一方面增强脆弱群体对环境的影响力和控制力,使他们有机会、有权利利用环境中的资源,改善自己的生活境遇。

基于增能赋权理论,项目组设计了"风信子的欢语"项目。风信子是一种草本植物,看起来纤细柔弱,却有着旺盛的生命力,风信子的环境适应能力很强,在严苛的环境中亦能绽放美丽的花朵。项目组将项目名称定为"风信子的欢语"意在激励目标群体即使在困境之中依然要保持希望和勇气,不断提升自身的能力,充分利用环境中的资源,实现生命的绽放。

(一)项目目的

具体而言,项目有三个目的:一是帮助女性社区矫正对象顺利完成社区矫正,真正成为合格的社会公民,避免再次犯罪。二是帮助女性社区矫正对象解决所面临的突出问题,提升生活质量,促进身心健康发展,更好地融入社会。三是在此项目的基础上探索针对女性社区矫正群体的分类矫正模式。

(二) 项目目标

具体而言,项目的目标主要有五个:一是引导目标群体拥有正确的人生理想和价值理念,充实其精神世界。二是引导目标群体调节不理性的情绪,改变不当行为。三是帮助目标群体协调婚姻和家庭关系,让家庭成为女性社区矫正对象顺利完成矫正任务的重要支持。四是帮助目标群体提升就业能力。五是支持目标群体参与社会活动,鼓励她们通过社会参与重新适应和融入社会生活。

(三) 项目计划方案

项目的方案计划如表 16-1 所示:

表 16-1 "风信子的欢语"项目的方案计划

计划服务主题	计划服务形式	预计达成目标
"与法同行"系列服务	法治宣讲	精神价值赋能
"心情 SPA"系列服务	个案服务、小组服务	心理情绪赋能
"和谐一家门"系列服务	小组服务	家庭关系赋能
"社区是我家"系列服务	社区服务	社会参与赋能
"粉红就业平台"系列服务	资源链接、技能培训	就业资源赋能

六、项目实施过程

在项目组和目标群体就项目目标和实施方案达成共识后,社会工作者按计划开展了各项服务,并尽力达成预期的目标。

（一）精神价值赋能："与法同行"系列服务

"与法同行"系列服务旨在引导女性社区矫正群体形成正确的法治观念和价值理念。正确的法治观念和价值理念能指引人们做出合法且适当的行为。针对女性社区矫正对象，社会工作者邀请女法官、女律师以及妇联的工作人员开展法律和政策的宣讲，并以法律知识竞赛的方式巩固和检验社区矫正对象课程学习和知识掌握的情况。

"与法同行"法治宣讲设有刑法、劳动法、婚姻法、社区矫正法等法律的讲座。主讲人通过描述社会中的热点问题、发生在人们身边的实际案例及女性社区矫正对象遇到的现实状况等，对相关法律、法规和政策进行讲解，培养女性社区矫正对象及其家庭成员的法治意识和法治理念，增强法律素质。

其中，劳动法的讲座与就业法规和政策有关，目的是帮助女性社区矫正对象了解国家和地方的就业法规和政策，并介绍本区急需的岗位类型、岗位职业要求、招聘方式等，鼓励女性社区矫正对象明确自身的就业方向。婚姻法的讲座是通过讲解《民法典》中关于婚姻和家庭方面的法律法规，帮助女性社区矫正对象在面临婚姻和家庭问题时能更好地维护自身的合法权益。社区矫正法的讲座则是结合本区发生的实际案例讲解相关法律法规和政策，让女性社区矫正对象一起探讨案例、交流互动，并解答她们在矫正中遇到的各种问题。

（二）心理情绪赋能："心情 SPA"系列服务

"心情 SPA"系列服务是给女性社区矫正对象心理情绪赋能的活动。服务主要以纾解情绪（"心有千千结"个案服务）、同伴互助（"重迎精彩"沙龙）、先锋督导（"先锋助矫"小组服务）等形式展开。

"心有千千结"个案服务主要针对存在严重自卑、焦虑、抑郁等情绪问题的女性社区矫正对象，以个案服务的形式帮助女性社区矫正对象认知情绪的概念、了解不合理情绪，帮助她们掌握化解不良情绪的方法，即改变不合理的信念、评价及解释。

"重迎精彩"沙龙是以同伴互助的形式让女性社区矫正群体分享入矫以来的心路历程。这种方式可以引导她们敞开心扉,相互鼓励和支持。在沙龙活动中,有一位矫正对象分享了自己获刑后的身心变化。她说自己曾一度陷入极度自卑、抑郁、焦虑的情绪中,觉得自己连累了家人,让别人看不起,甚至不想出门上班。但在参加本项目后,在社会工作者、妇联工作人员和志愿者们的帮助下,她逐渐从困扰中走出来,工作有了新目标,家庭关系也更加和谐。沙龙活动当天她还以无偿献血的方式为自己庆祝了生日。她说:"我以前做了错事,大家没有嫌弃我、抛弃我,有这么多人来帮助我、关心我和鼓励我,我想通过实际行动做些好事。"

"先锋助矫"小组服务是本区社会工作站的中级社会工作师和督导负责开展和实施的服务。该服务致力于提高女性社区矫正对象的自信心及面对挫折的勇气,消除她们的心理困扰,让她们勇敢面对生活的挑战,实现自我成长。服务由社会工作师和督导合作提供,以一系列艺术矫正小组的形式疗愈女性社区矫正对象的身心。例如,鼓励有艺术特长的女性社区矫正对象带领其他矫正对象学习非洲鼓等艺术,通过艺术学习和艺术感悟提升自信、消除焦虑情绪。

(三)家庭关系赋能:"和谐一家门"系列服务

针对女性社区矫正对象中有一部分人存在家庭关系紧张的问题,项目组设计和实施了"和谐一家门"的社会工作服务。在名为"爱的抱抱"的小组服务中,社会工作者采取了影像发声的治疗方法,通过让矫正对象展示全家人的照片、诉说照片背后的故事、分享自己的心情来弥合家庭成员间的关系。活动中,矫正对象时而开怀大笑,时而潸然泪下,分享和交流触动了她们的内心,也引导她们的家人给予她们更多的理解、体谅和尊重。

本区的部分社会工作服务站还开展了"开心家园""生命之韵""盛开的风信子"等女性成长和赋能小组服务。社会工作者联合妇联工作人员及志愿者们,以慰问孤老、体验土布贴画、开展智慧游戏等小组服务的形式,让女性社区矫正对象及其家人共同参与活动,在活动中提升她们与家人相处的能力并锻炼沟通技巧,帮助她们改善与家人的关系,营造温馨和谐的家庭气氛;此外,在活动中,矫正对象还能感受到帮助他人、为社会做贡献的价值感。

(四) 社会参与赋能:"社区是我家"系列服务

项目组针对女性社区矫正群体社会参与不足的困境,以"人在情境中""优势视角"等为理论基础,与本区各街镇的妇联组织合作,设计了"社区是我家"系列服务。该服务一方面通过发挥女性社区矫正群体的优势和力量,为社区的公益慈善行动助力,帮助她们得到社区居民的认同和接纳;另一方面,为确实需要社区帮助的目标群体链接资源,帮助她们获得社区的支持。

"社区是我家"系列服务具体分为两部分。一是组织女性社区矫正对象多次开展爱心义卖慈善活动。活动中,普通社区居民也给予了积极的反馈,有些热心居民还帮忙义卖。项目组最终将义卖的钱款进行了捐赠。该活动提升了参与人员对社区的认同感、归属感和责任感。二是实施了名为"紧急救助站"的服务,即在本区矫正中心为无家可归、无亲可投、无业可就的"三无"女性社区矫正对象设立临时性的服务驿站,为她们提供衣、食、住等资源,避免她们的处境变得更加艰难。

(五) 就业发展赋能:"粉红就业平台"系列服务

项目组联合本区妇联、司法局、就业援助中心设计和实施了"粉红就业平台"系列服务。该服务着眼于两个方面:一是增加女性社区矫正对象的就业知识,提升她们的能力与在就业和职业发展领域的自信心。具体而言,为女性社区矫正对象讲解国家和地区的就业形势和趋势,围绕女性社区矫正对象的就业特征和需求进行相关职业的体验,并开展培训,提升她们的就业能力和技能水平。二是在政府职能部门的支持和引导下,链接相关企业资源,倡导社会爱心企业为有就业意愿的女性社区矫正对象提供适合的工作岗位,并引导企业入驻"粉红就业平台",为女性社区矫正对象提供助老、收银、箱包制作等十余种工作岗位,在一定程度上缓解了本区女性社区矫正对象"就业难"的问题。后续的活动中,项目组还将进一步总结服务经验,以建言献策的方式倡导相关政策的制定和出台,促进特殊群体就业。

七、结果评估

项目组基于社会性别的理论视角,依据多次社会调研和访谈的数据资料,总结出女性社区矫正对象的特点和独特需求,并在此基础上,综合采用个案、小组、社区等社会工作服务方法,将直接服务方法和间接服务方法相结合,运用理性情绪疗法、影像发声法等技术方法,探索出多形式、多层次、多维度的帮扶机制。"风信子的欢语"女性分类教育和赋能项目实施以来,取得了良好效果。

(一)服务目标达成状况评估

项目组能够按照计划有条不紊地开展服务,并在实施服务的过程中不断根据实际需求进行具有针对性的调整,项目的主要服务活动达到了预期目标。参与项目的女性社区矫正对象通过参与情绪宣泄、角色认知、非理性信念辩论等活动,认识到了自身在情绪、认知、信念等方面的问题,并在社会工作者的帮助下通过调整情绪、认知及信念的方式纠正了原有的偏差行为。法治系列讲座提升了目标群体的法律知识和规范意识,在树立正确的人生观、世界观和价值观方面有所助益。邀请目标群体的家庭成员一起活动,起到了帮助目标群体重新建构和谐家庭关系的作用,增强了家庭对目标群体的支持力度。社区慈善活动则提升了目标群体的社区归属感和社会责任感。而知识技能教育培训及资源链接则提升了目标群体的就业能力,为她们提供了更多的职业发展机会。

(二) 项目目标群体的满意度评估

项目完成后的满意度调查结果显示,目标群体对本项目所开展的系列服务的满意度高。项目完成后,共有350名目标群体人员参与了项目评估,项目满意度结果如下:有74.3%的受访者表示非常满意,19.4%的受访者表示比较满意,6.3%的受访者表示满意,没有受访者表示不太满意或很不满意,目标群体整体满意度高。

与此同时,项目组还使用《人际关系综合诊断量表》来评估参与项目的女性社区矫正对象的人际关系及人际交往能力提升情况。该量表的规则是,得分越高,受访者在人际上存在的困扰越多,人际交往能力越差。项目组在项目开始前后对23名参与项目的女性社区矫正对象开展了人际关系诊断。数据显示,目标群体在参与项目后,整体人际关系综合诊断得分的平均值从6.07下降到3.25,下降比例达到46.46%。由此可知,"风信子的欢语"项目有提升女性社区矫正对象人际关系能力的作用,可以在一定程度上缓解她们在人际交往和心理健康等方面的困扰。

八、总结与反思

(一) 项目成效及原因分析

"风信子的欢语"项目实施以来,取得了良好的成效:一是自项目实施以来,女性社区矫正对象的重新犯罪率为零。二是项目根据近年来的社会形势和现实情况,经逐年调整和优化,取得了长足的发展,如增设"先锋助矫"红色合伙人、增加"结伴同行"课程等6项导向性服务,累计开展法治宣传、心理疏导、红色教育、艺术治疗等多元化服务180余次,与本区技能培训机构合作开办专题培训班5个,超过100人次参与各项技能培训。项目还依托"巾帼文明岗"等活动,实现资源共享,动员社会人士参与女性社区矫正对象的帮教志愿工作350余次。三是在本区女性社区矫正对象的就业和职业发展方面做出了重要贡献。项目发挥就业援助员、就业促进中心、爱心企业家等各方力量的作用,积极组织女性社区矫正对象参与各类招聘活动,共帮助 23 人实现再就业。四是在女性社区矫正对象的社会参与方面做出努力,多次组织女性社区矫正对象开展环境卫生整治活动,活动时间超过 230 小时。

"风信子的欢语"项目的开展取得了显著的成效和良好的口碑,这得益于几个方面的原因:一是始终以需求为导向。与男性群体相比,女性社区矫正对象有显著的特点和独特需求,需要提供有针对性的服务。本项目的所有活动均考虑到了女性的需求,为女性专门设计。二是将组织协同和资源链接放在重要位置。社会工作者认识到,要帮扶帮教女性社区矫正对象,需要多组织、多部门的合作,需要多种资源的连接和整合,因而在项目服务中坚持政府部门和社会部门、社会力量的协同,综合提供社会工作服务。三是以项目服务为契机,统合各类帮扶活动资源,健全完善社会工作服务机制,以提供更好的服务为目标。

(二)项目反思

多年来,"风信子的欢语"项目为女性社区矫正对象提供了众多优质服务,累积了丰富的项目经验,已经能实现可持续发展,但仍有诸多地方需要优化和完善:

第一,项目的实施和开展要充分运用社会工作伦理知识和技术,对目标群体的情感需求保持足够的敏感度。女性社区矫正对象大多情感脆弱,在刚参与项目时往往很难打开心扉,放下戒备,这就需要社会工作者提供更细致入微的服务。因此,在后续项目实施过程中,社会工作者需要进一步加强对目标群体情感需求的关注度和敏感度,通过同理、接纳、尊重等情感支持,帮助目标群体接纳和认同项目。

第二,项目运行过程中需要不断提升社会工作者的实务能力及项目运作能力。除了帮助目标群体走出生活困境、提升生活质量外,项目要长久地开展并持续取得良好的效用,还必须关注参与项目的社会工作者的成长。具备良好的专业知识和实务能力只是社会工作者开展工作的基础,要想运营好一个项目,社会工作者还需要锻炼组织能力、协调能力、协同能力、沟通能力、数据收集和分析能力、实时监管项目过程的能力等。接下来,本项目在运作中也将多关注社会工作者的成长。

第三,提炼项目运行模式,扩展项目影响力。"风信子的欢语"项目主要针对金山区各街镇的实际情况设计项目主题和具体服务内容,在项目后续运行中,项目组需加强对项目经验和模式的提炼,检验项目的可复制性和可持续性,将项目的经验和模式运用到其他地区,扩展项目的影响力。

(作者:徐　帆　蒋玲玲)

画出自我　陶冶你我

——农民画艺术在社区矫正中的应用

一、项目背景

金山农民画是上海金山地区的江南民间传统艺术之一。它主题多元，构思新颖，色彩明快，造型稚拙，具有独特的水乡韵味，于2007年被列入上海市非物质文化遗产名录。作为金山的一张文化名片，农民画在金山可谓家喻户晓。一幅幅精美的金山农民画作，以真挚的感情、质朴的画面、亮丽的色彩，描绘出时代新景象，是地域特色强、民族气息浓、艺术水准高的现代民间绘画作品。画作中的每一件物品都蕴含着创作者自身的情感，画面色彩展现出强烈的生命力。[①] 农民画是绘画的一种具体类型。绘画作为情感表达的工具，能够反映出人们内在的、潜意识层面的信息，是将潜意识的内容视觉化的过程。由此衍生出的绘画疗法不受创作者年龄、认知能力及绘画技巧的限制，可以让创作者通过正当的方式安全地释放不良情绪，升华心灵。此外，绘画主题的灵活多样、绘画过程较小的阻力都更便于矫正对象接受，有利于真实信息的收集。因此，将农民画创作艺术治疗引入社区矫正的教育矫正中，有助于克服传统教育矫正形式单一，矫正对象身份意识过强、防御心理过重、自我效能感低、主体表达欠缺、参与感不强等原因造成的教育矫正效果欠佳的问题。借助有针对性的绘画主题设计与安排，社会工作者可以对社区矫正对象的认知、心理、法治观念等方面产生

---

① 韩佳芮、王心旭：《论金山农民画艺术的风格特征》，载《美术教育研究》2019年第16期。

影响,这对进一步提升矫正效果有重要的现实意义。

二、需求评估

为了更好地掌握矫正对象的需求以便有针对性地开展社区矫正工作,金山区的矫正社会工作者和相关工作人员通过走访和问卷调查的形式对矫正对象进行了深入和细致的调查。共发放问卷 227 份,并采用统计软件进行数据分析,结果见表 17-1。结果显示,问卷量表的信度均大于等于 0.7,故通过信度检验。

表 17-1　各量表信度检验结果

量表涉及内容	信度
疑病	0.853
抑郁	0.825
癔症	0.784
病态人格	0.795
气质类型	0.863
偏执	0.809
精神衰弱	0.751
躁狂	0.788
社会内向	0.784
精神分裂	0.862

通过对数据的进一步分析,社会工作者总结出矫正对象的需求主要涉及以下几方面:

（一）情绪控制

社区矫正对象由于其身份的特殊性,容易产生自卑、压抑等负面情绪,并且会在意别人的眼光,因此帮助他们学会控制情绪,树立积极向上的生活态度十分重要。

（二）家庭和谐维持

社区矫正对象大多个人主义倾向突出，注重自我满足，对他人和社会的责任意识不强，所以往往会有家庭关系方面的问题，有些矫正对象与家庭成员无法和谐相处，但家庭又是他们顺利完成矫正的重要支持力量，而且社区矫正对象大多渴望自己的家庭能够和谐美满，因此有必要帮助他们学会处理家庭问题，维持家庭和谐。

（三）法律意识提升

根据前期的访谈和问卷调查可知，绝大多数社区矫正对象都有法律意识淡薄和自我认知偏差的问题，提升他们的法律意识，纠正错误的观念，可以帮助他们顺利度过矫正期，完成矫正。

三、理论基础

（一）心理投射理论

绘画疗法主要以分析心理学中的心理投射理论为基础。精神分析的观点认为，人的精神中很重要的一个部分就是潜意识。一个人的情感埋藏得越深，则离意识就越远，寻找相应的语言将其表达出来的可能性就越低。绘画是最适宜的心灵表达方式之一，人们可以运用绘画，将潜意识层面的信息，象征性地或具体地投射入图画，以视觉的形式将无法用语言表达的内心世界外化。[①]

绘画治疗大师罗宾对绘画治疗的作用机理做了较为全面的分析。他认为：人类的思维大多是视觉的；记忆可能是前语言的或者是禁锢的，人类

---

① 陈艳：《绘画疗法在中小学心理辅导中的应用》，载《当代教育科学》2010 年第 18 期。

的创伤经验等可能被人类压抑,用语言无法提取,以至于难以治疗;许多情绪体验的内容本身就是前语言的,不能为我们的语言所描述,也就无从治疗;绘画艺术本身是符号性和价值中立的,患者可以自由表达,而且这种表达具有极强的隐秘性,没有社会道德方面的顾忌;人类的阴暗面更容易通过绘画艺术来表达;绘画治疗过程包括心理治疗和创造两个平行的过程;除了心理治疗之外,创造过程也为患者提供了一种看待自己面临问题的新方式。①

(二) 优势视角理论

"优势视角"是一种与"问题视角"相对应的社会工作新模式,强调社会工作者应该以正向的视角和创新的思维模式应对矫正对象的处境,挖掘矫正对象及其所处环境中的资源和能量,实现助人自助。优势视角的应用首先要求社会工作者与矫正对象建立平等的关系,并且肯定无论矫正对象处于什么样的境遇,其本人必定具备某些优势。优势视角并不否认矫正对象身上存在问题,但要求不能过多地强调问题,而应关注其内在力量和优势资源,通过开发和利用潜能,协助其应对挫折和不幸。②

(三) 增能理论

每个人都在家庭、重要他人和环境中建立个人资源,并掌握一定的知识和技巧,从而扮演重要的社会角色。但同时,社会环境中也存在着直接性和间接性的权力障碍,当个体因缺乏知识、技巧、物质资源乃至情绪管理能力,无法有效扮演社会角色时,便会招致负面评价。当这种负面评价整合进入个体所处的环境,并对个体造成限制时,将降低个体有效回应问题的能力,更进一步影响个体社会角色的扮演。但这种障碍是可以改变的。增能视角认为,每个人都是有能力、有价值的,并且个人的能力可以借助社

---

① 魏源:《绘画是人们最适宜的心灵表达方式——绘画在心理治疗中的应用及其作用机理》,载《医学与哲学》2005年第3期。
② 黄茜:《优势视角理论及其在社区矫正工作中的应用》,载《法制博览》2019年第14期。

会互动不断提升。社会工作者可以通过帮助个体获得知识与技巧,协助其消除影响障碍,取得发展。

四、项目目标

(一) 长期目标

帮助矫正对象缓解焦虑、抑郁等不良情绪,增强社区矫正对象遵守纪律的自觉性,挖掘他们的潜能,树立积极正向的自我认知观念和价值观,并重构矫正对象的社交网络。

(二) 具体目标

第一,通过绘画的方式向矫正对象普及法律知识,增强他们的法治意识和矫正积极性。

第二,通过绘制农民画的方式给矫正对象提供一个情绪释放的窗口,帮助他们学会宣泄负面情绪,平和心态,同时培养他们的自主性和创造性。

第三,借助分析矫正对象绘画作品中的具体要素,对矫正对象开展心理辅导,引导他们摒弃不良思想,树立积极向上的思想观念。

第四,借助绘画,帮助矫正对象发现自身的优势,帮助他们树立自信心。

第五,借助参与社区矫正活动的机会,为矫正对象提供社交平台,帮助他们与他人构建良好的社交关系,提升他们重返社会的信心。

五、执行计划

(一) 项目参与对象的确定

通过问卷调查以及后期的深度访谈,我们对本区在册的社区矫正对象有了较为深入的了解,社会工作者根据他们的犯罪原因以及生活、就业、心理等方面的现状与需求,选取了具有典型性与代表性的矫正对象作为服务对象。最终在被判处管制、宣告缓刑、裁定假释、暂予监外执行这四类对象中选出 227 人参与本项目。

（二）具体计划

结合社区矫正对象面临的问题,社会工作者以"画出自我 陶冶你我"为主题,以帮助社区矫正对象增强法治意识、释放不良情绪、建立积极正向的价值观为主要目的,设计了 4 次社区活动,具体活动计划如表 17-2 所示：

表 17-2 "画出你我 陶冶你我"活动计划表

活动时间	活动主题	目标	内容
2023 年 5 月 6 日	以画释规	帮助社区矫正对象明确社区矫正流程,增强法治观念	社会工作者向社区矫正对象发放以农民画为风格的社区矫正宣传册进行宣传科普
2023 年 5 月 13 日	以画抒情	通过绘画帮助矫正对象宣泄不良情绪,借助对作品的分析为具有心理问题的矫正对象进行心理治疗,帮助他们建立积极正向的价值观	根据入矫时间、犯罪类型、个人需求等因素分类开班,由绘画心理治疗师带领社区矫正对象绘制农民画,通过对作品的分析,挖掘矫正对象可能存在的心理问题并进行治疗
2023 年 5 月 20 日	以画释法	通过法治农民画创作的方式增强矫正对象的守法意识,提升矫正对象的自信心,同时利用同辈激励的方式增强他们的矫正积极性	将法治元素融入农民画的创作课堂,并将优秀且具有代表性的作品进行展览宣传
2023 年 5 月 27 日	以画养性	通过创作农民画,让矫正对象感受本土文化的魅力,并在绘画的过程中获得精神的满足	引导社区矫正对象感知本土民间艺术,了解本地的历史文化

六、实施过程

(一) 以画释规

1. 活动目的

帮助社区矫正对象明确社区矫正流程,增强法治观念。

2. 活动时间

2023年5月6日(14:00—15:40)。

3. 活动地点

金山区社区活动中心。

4. 参与人员

社区矫正对象215人,社会工作者3人,志愿者8人。

5. 活动流程

具体活动流程见表17-3。

表17-3 "以画释规"活动流程表

时间	目的	内容	所需物品
14:00—14:10	了解社区矫正对象的活动到场率	志愿者负责到场人员的签到工作	笔、纸
14:10—14:25	介绍活动目的	社区工作人员及社会工作者为活动致辞,并介绍本次活动的目的	话筒、音响
14:25—14:45	活跃气氛,提升社区矫正对本次活动的兴趣	社会工作者就宣传册内容与社区矫正对象互动	投影仪、话筒、音响
14:45—15:30	向社区矫正者明确矫正流程,强调遵守矫正制度的重要性	社会工作者详细介绍宣传册的内容、社区矫正的流程和规定	投影仪、话筒、音响
15:30—15:40	活动结束	社会工作者发表结束陈词,并组织合影留念	音响、话筒、相机

6. 活动小结

本次活动以农民画的形式展现了社区矫正工作的内容和流程,较好地达到了活动目的。对因故未参与本次活动的社区矫正对象,社会工作者利用空闲时间对他们进行了入户科普,并鼓励他们参加之后的活动。

社会工作者借助社区矫正农民画宣传册的形式,生动地介绍了社区矫正的相关规定,给新入矫的社区矫正对象留下了直观、深刻的印象,起到了良好的宣传效果,增强了社区矫正对象的自觉性和在刑意识。同时,农民画色彩艳丽、浅显易懂,便于社区矫正对象理解和记忆相关规定。活动中,有社区矫正对象表示:"这个宣传画还挺有意思的,和之前想象的不太一样,挺好挺好。""我以为讲解社区矫正流程应该是比较严肃的事情,自己还有点压力,现在觉得用这样的形式讲解还是比较轻松的。"

(二) 以画抒情

1. 活动目的

通过绘画帮助矫正对象宣泄焦虑苦闷的负面情绪,通过分析作品对矫正对象进行心理治疗,缓解其心理压力,帮助树立积极正向的价值观念。

2. 活动时间

2023年5月13日(14:00—15:40)。

3. 活动地点

金山区社区活动中心。

4. 参与人员

社区矫正对象217人,社会工作者3人,志愿者9人,绘画心理治疗师3人。

5. 活动流程

具体活动流程见表17-4。

表 17-4 "以画抒情"活动流程表

时间	目的	内容	所需物品
14:00—14:10	了解社区矫正对象的活动到场率	志愿者负责到场人员的签到工作	笔、纸
14:10—14:25	介绍活动目的	社会工作者为矫正对象介绍本次活动的目的	话筒、音响
14:25—15:55	通过绘画宣泄负面情绪,释放心理压力	绘画心理治疗师带领矫正对象进行农民画创作	投影仪、话筒、音响、画笔、纸
14:55—15:30	通过互动解答矫正对象在绘画中遇到的问题,及时开展心理辅导,帮助其建立积极的价值观念	绘画心理治疗师与矫正对象互动,对作品显示可能出现心理问题的矫正对象进行心理辅导	投影仪、话筒、音响、画笔、纸
15:30—15:40	活动结束	社会工作者发表结束陈词,并组织合影留念	音响、话筒、相机

6. 活动小结

艺术矫正具有宣泄的功能,可以给社区矫正对象一个释放负面情绪的窗口,帮助疏解情绪。社区矫正对象多数会有焦虑、自卑等不良情绪,这会严重影响社区矫正的效果。为了给社区矫正对象创设自由和受保护的空间,在保密、不批判的原则下,开设绘画课程,可以让社区矫正对象敞开心扉,积极交流。这既是他们直面伤口的一个过程,也是一种自我治疗;既可以促社区矫正对象发挥自主性和创造性,又能够提供内在探索的空间,并逐步培养矫正对象的自主探索和自控能力。活动后,有矫正对象这样说道:"画画的时候什么都不用想,放松了很多,之前大部分时候都在想很多烦心的事情。"

艺术不只具有观赏性,还具有实用性。绘画是无意识的窗口,绘画中的非言语性和非技巧性,减轻了社区矫正对象的顾虑,并且以画测试,还提升了测评效果。以农民画的着色为例,有的矫正对象用色很鲜艳,有的则很暗淡,绘画心理治疗师就可以由此进行评估。同时,绘画心理治疗师还可以通过解释绘画的象征意义和倾听绘画者自己的解释来进行心理分析。社区矫正对象在绘画过程中虽有掩饰，但内心因素仍会无意识在作品中表现出来，绘画心理治疗师就可以从社区矫正对象的画作内容中尝试分析其心理，然后有的放矢地开展心理疏导和治疗。

（三）以画释法

1. 活动目的

通过绘画释法增强矫正对象的守法意识，并借助对优秀作品的宣传提升矫正对象的矫正积极性，增强自信。

2. 活动时间

2023年5月20日(14:00—15:40)。

3. 活动地点

金山区社区活动中心。

4. 参与人员

社区矫正对象198人，社会工作者3人，志愿者9人，绘画心理治疗师3人。

5. 活动流程

具体活动流程见表17-5。

表17-5 "以画释法"活动流程表

时间	目的	内容	所需物品
14:00—14:10	了解社区矫正对象的活动到场率	志愿者负责到场人员的签到工作	笔、纸
14:10—14:25	介绍活动目的	社会工作者为矫正对象介绍本次活动的目的	话筒、音响
14:25—15:55	让社区矫正对象在参与法治农民画创作的同时，接受法治文化熏陶，加强社区矫正对象的法治意识	绘画心理治疗师带领矫正对象以法治社会事件为主题进行绘画创作，同时由社会工作者进行现场讲解	投影仪、话筒、音响、画笔、纸

（续表）

时间	目的	内容	所需物品
14:55—15:15	增加矫正对象之间的互动和凝聚力,帮助其构建健康的社交网络	社会工作者引导矫正对象互相分享绘画作品和绘画心得	投影仪、话筒、音响、画笔、纸
15:15—15:35	激发矫正对象完成作品的成就感,提升其自信心	将矫正对象选出的优秀作品展示在社区公共报告栏	话筒、音响、画笔、纸
15:35—15:40	活动结束	发表结束陈词,并组织合影留念	音响、话筒、相机

6. 活动小结

法治农民画主要是以人们喜闻乐见、贴近生活的社会事件为主题进行创作的。在绘画过程中,工作人员结合真实的法治案例,深入浅出地为社区矫正对象进行现场解读,并鼓励他们在完成画稿后轮流介绍自己的绘画作品及相关想法。让社区矫正对象在参与法治农民画创作的同时,潜移默化地接受法治文化熏陶。创作过程中,有矫正对象说:"看我画的就是社会工作者讲的例子,是不是很形象!"活动后,有矫正对象表示:"用这种方式学习法律知识还是蛮有趣的,更容易记住。"而当作品被展出后,有社区矫正对象激动地说:"别人通过我的画能意识到讲规矩、守法律的重要性,还是很有意义的,对我自己来说,也是一种鼓励和督促。"法治农民画宣传不仅营造了优良的法治宣传环境,还提升了社区矫正对象的法治意识和矫正积极性。

(四) 以画养性

1. 活动目的

通过创作农民画,让社区矫正对象感受到本土文化的魅力,并且获得精神的舒缓与满足,巩固了社区矫正对象已有的改变。

2. 活动时间

2023 年 5 月 27 日(14:00—15:40)。

3. 活动地点

金山区社区活动中心。

4. 参与人员

社区矫正对象210人,社会工作者3人,志愿者9人,绘画心理治疗师3人。

5. 活动流程

具体活动流程见表17-6。

表17-6 "以画抒情"活动流程表

时间	目的	内容	物资
14:00—14:10	了解社区矫正对象的活动到场率	志愿者负责到场人员的签到工作	笔、纸
14:10—14:25	介绍活动目的	社会工作者为矫正对象介绍本次活动的目的	话筒、音响
14:25—15:55	感受本土文化魅力,在绘画的过程中获得精神的舒缓与满足	绘画心理治疗师带领矫正对象以金山本土文化为主题进行绘画创作	投影仪、话筒、音响、画笔、纸
14:55—15:20	引导矫正对象和家人构建良好的家庭关系,使矫正对象意识到家庭的重要性	引导矫正对象自由创作一幅画送给自己的家人	投影仪、话筒、音响、画笔、纸
15:20—15:35	巩固改变成果,激励社区矫正对象重拾生活信心	引导矫正对象分享参加这几次活动的感受和收获	话筒、音响
15:35—15:40	活动结束	发表结束陈词,并组织合影留念。	音响、话筒、相机

6. 活动小结

本次活动以"以画育人,以画化人"为目的。通过农民画创作,让社区矫正对象感受本土文化的魅力,并利用非语言工具让社区矫正对象将潜意识中压抑的情绪呈现出来,并且在绘画的过程中获得精神的舒缓与满足。这一过程本身就是"修补人格"的过程。社区矫正对象作画时,静心描绘,构思自身与社会的关系,有利于培养社区矫正对象温和向善的性格,提高社会适应能力。活动结束后,有矫正对象表示:"画画是一个让人平静的过程,可以静下心来好好享受这一过程。"还有矫正对象认为:"画画让我了解了金山的文化,还是蛮有意思的,身为一个金山人很自豪。"借助农民画学习创作的方式来弘扬本土文化,引导社区矫正对象学习了解金山本土民间艺术,达到"以画化人"的目的,激发社区矫正对象爱祖国、爱家乡的热情。

同时,借助绘画作品,社会工作者还引导社区矫正对象学习了正确处理家庭关系的方法,使他们意识到家庭的重要性,理解了家人的关心。有学员表示:"出来之后,我都不知道该怎么和爸妈相处,总感觉不自然,他们很关心我,但我总是比较沉默,现在想想确实不好,他们应该也很难过吧。"

七、项目成效

(一) 矫正目标的实现程度

经过 4 次主题活动,社区矫正对象实现了较好的转变。一开始,很多矫正对象以为这次艺术矫正活动和以往社区集中教育一样,没有什么新意。但随着活动的一次次开展,矫正对象开始对金山农民画文化有了兴趣。在活动中后期,矫正对象主动提问和交流的次数明显增多,并且能够大胆表达自己的想法,矫正对象之间也建立了互相帮助、共同努力的良好关系。本项目通过带领矫正对象绘制农民画、感悟农民画文化、借助农民画抒发感情并表达自己的内心世界,达到了预期的艺术矫正目标。活动结束后,矫正对象纷纷表示自己在这次社区艺术矫正中学到了很多东西,对未来有了信心,不再像以前那么自卑和自暴自弃了。

当社会工作者说到"责任"一词时,有社区矫正对象表示:"以前,我对于法律的概念很模糊,法律意识淡薄,如果再让我重新来过,我相信再不会这样。"其他有相似经历的矫正对象纷纷表示赞同。

当社会工作者说到"家庭"一词时,有社区矫正对象表达了自己内心的真实想法:"以前我对于家庭不够重视,觉得家里人不理解我,但是现在我意识到,家里人一直都很关心我。之所以当初觉得家里人不理解我,是因为自己从来不跟家里人说心里话。现在我觉得家庭非常和睦,回到家后和家人坐着聊天的感觉真好。"

本项目的开展加强了矫正对象的在刑意识,强化了他们的守法意识,培养了他们的家庭责任感和社会责任感,让矫正对象意识到保持理性头脑的重要,懂得了一个人无论在什么时候,都要牢记自己作为一个公民身份,将法律内化于心。

(二)多主体评估

1. 社会工作者评估

经过多次主题不同的农民画艺术矫正活动后,社区矫正对象发生了一定的改变。第 1 次主题活动"以画释规",让矫正对象了解了社区矫正的流程及内容;第 2 次主题活动"以画抒情",有效改善了社区矫正对象心理情绪;第 3 次主题活动"以画释法",全面提升了社区矫正对象的法治意识;第 4 次主题活动"以画养性",加强和巩固了社区矫正的矫治效果。4 次不同的主题活动不仅让矫正对象感受到了金山传统文化的魅力,还起到了良好的矫正效果。

活动初期,社区矫正对象活动参与感有限,活动效果只是停留在完成阶段性目标上,还有部分个性极强和防御性较强的矫正对象难以融入活动,该情况随着活动次数的增加有所好转,社会工作者对会矫正对象进行积极引导和鼓励,让他们能够坦然面对自己的问题,深入剖析自己。

2. 社区矫正对象评估

截至活动结束时,参加此次传统文化分类教育矫正项目的社区矫正对象无一人重新犯罪,也没有矫正对象受到警告、训诫。社区矫正对象也给予本项目很高的评价。矫正对象由前期的不愿和被动参与到最后的主动积极参加,在参与态度和意愿上有了明显的改变。

活动结束后,矫正对象能够积极地提出自己的想法和建议,为活动的改进做出了贡献。他们表示,自己在活动中学到了很多东西,并且十分享受绘画的过程,看到自己的作品后会有成就感和喜悦感,对自己的进步非常满意,并且对社会工作者的专业性和态度表示了肯定。最重要的是,他们对这种创新教育矫正形式非常赞同,一致认为,传统的社区集中教育矫正效果不明显,而农民画创作不但很有创意,也有趣味性。

3. 第三方评估

艺术矫正成果展示得到了各街镇的高度评价。此次项目结束后,社会工作者就项目效果进行了走访,得到了良好的反馈。很多矫正对象的家人告诉社会工作者,参与项目后矫正对象变得越来越敢于承担责任了,并且有时候会主动分享自己参与社区矫正的心得,在刑意识也增强了。而社区居民则表示,现在社区的整体氛围更加和谐,社区的整体环境得到了很大的改善,他们对社区矫正对象的态度也发生了积极的改变。

八、项目反思

(一) 农民画艺术矫正产生作用的原因

1. 需求为本的服务设计,提升了服务的针对性和接受度

在项目活动正式开始前,社会工作者借助访谈和问卷调查对社区矫正对象的问题和需求进行了全面的了解和分析。从需求出发设计了一系列活动,提高了服务的针对性和接受度。在满足绝大多数人需求的基础上矫正社会工作者也充分考虑到个体的差异性,在每次活动结束后,除了评估活动的大目标是否完成,还会分析和跟进在活动中出现问题的对象,对个别矫正对象进行单独辅导。每次活动结束后,矫正社会工作者团队都会认真思考与讨论活动中存在问题,并在下次活动中予以改进;对需要关注的矫正对象,也会给予更加积极的关注。以此让每个对象的需求都能得到满足,提高他们的活动参与度。

2. 农民画创作的丰富性、趣味性和前卫性,提升了矫正对象持续参与的动力

金山农民画是中华优秀传统文化的重要组成部分,也是上海金山地区所特有的文化艺术。农民画不仅具有观赏性,还具有实用性。农民画中的故乡情怀和情感流露对社区矫正对象有很强的感染力。另外,农民画艺术主题多元,既可以借助创作展示社区矫正流程,还可以以自画像创作为主题让矫正对象进行自我探索,内容丰富有趣。农民画艺术创作不仅可以加强矫正对象的在刑意识,让他们从画中学习法律,还能帮助他们探索自身,做出正向的调适。图画比文字更容易记忆,也更容易被接受,能够潜移默化地改变矫正对象的认知,降低重新犯罪的可能性。

农民画看似土气,但实际上包含着很多"前卫的"内容:一是童趣,农民画有着原始、淳朴的视角;二是装饰性强,是当代美术的一个潮流;三是与城市人的"怀旧"情怀暗合,不少出生田野的城市人可以从农民画的乡风乡情中找到"根"的感觉。金山农民画在培养人的家乡归属感、传承中华优秀传统文化、促进社会和谐发展等方面有着独特的价值。将农民画艺术创作运用于社区矫正是一种十分有创意的做法,趣味和前卫的艺术矫正活动,提高了矫正对象持续参与活动的积极性。

3. 优势视角和增能取向的服务过程,有助于提升矫正对象的自我效能感和社区融入感

在优势视角理论下,社会工作者会更关注于矫正对象的内在力量和优势资源,这也意味着,社会工作者会把矫正对象及其所处环境中的优势和资源作为助人过程中关注的焦点,而非一直关注矫正对象存在的问题。在增能理论下,社会工作者相信,每个人都是有价值、有能力的,有些人之所以角色扮演失败,是因为他所生存的环境中存在各种障碍,因此社会工作者要积极挖掘促进矫正对象改变的资源和知识,帮助矫正对象实现自我增能。在活动中,社会工作者通过展览和宣传矫正对象们的作品,在一定程度上帮助他们摘去了"犯罪者"和"失败者"的标签,让他们获得了价值感和

意义感,激发了积极向上的动力。

4. 朋辈群体的积极影响

本项目充分发挥了朋辈群体的作用,同伴间的分享、互动、互助等,都有助于矫正对象进行自省,因为在一些敏感问题上,个体往往更愿意听取或采纳同伴的建议。同伴教育适合使用在敏感话题的教学上。它能创造一个宽松的环境,参与者可以感觉很轻松,更容易分享和交流经验,这有利于纠正矫正对象的错误认知。

(二) 社会工作者扮演的角色与作用

1. 社会工作者角色的动态转变

社会工作者在本项目中扮演了多种角色。活动初期,社会工作者扮演着领导者、鼓励者和组织者的角色。随着时间的推移和活动的推进,社会工作者开始由中心地位向边缘地位转变,从决策和组织者成为协助者,最后在巩固阶段成为领导者。同时,社会工作者在整个项目开展的过程中一直陪伴在矫正对象身边,在整个过程中扮演着矫正对象同行者的角色。

2. 运用专业的方法引导活动顺利进行

在活动开展的过程中,社会工作者始终秉持社会工作专业价值观与专业态度,运用专业方法,推动着项目的顺利进行。在实务过程中,社会工作者运用了同理、同感、尊重、真诚的社会工作实务技巧,为矫正对象提供服务,推动着项目的顺利开展,并且不断进行着评估,以便及时发现问题做出调整,以此完善各项活动的具体实施。

(三) 项目的不足

1. 农民画艺术矫正对矫正对象所处社会环境的改变作用有限

要想提高和巩固社区矫正的效果,除了社区矫正对象自身做出改变外,促进该群体所处的社会环境发生改变同样重要。人们对社区矫正对象的看法会影响社区矫正对象的心理发展。因此,为了实现更好的矫正效果,需要加大宣传力度,促进社会理解和接纳社区矫正对象。而在这一点上,农民画艺术矫正所起的作用有限。

2. 资源的整合与协调不足

为了有效开展活动,项目实施的过程里,社会工作者需要协调各方资源,然而本项目的资源整合做得并不是很好。考虑到矫正对象的特殊性,社会工作者开展活动时常常会顾虑太多,因此本项目仅整合了志愿者资源,而对社区居民中的人力资源挖掘较少。在今后开展此类活动时,社会工作者要尽可能根据活动的需要,弹性地进行资源整合,即在活动的中后期整合志愿者和社区有能力者参与活动,努力挖掘矫正对象身边的资源。

(作者:张珍华)

专家点评

工作案例是个案社会工作实务的重要载体

个案社会工作是专业社会工作的首初方法，工作案例则是个案社会工作实务的重要载体。本书"个案篇"集中展示了上海市新航社区服务总站社会工作者完成的个案工作案例，其专业价值清楚，实践意义明显。

本书对社会工作实务项目总结报告结构把握良好。每个案例都说明了工作对象及其家庭的基本信息，描述了工作对象所面临问题的具体表现，介绍了工作所用实务模式的基本策略，说明了工作的总体目标和具体目标，概括叙述了不同节次实务工作的内容，对工作成效即预设目标的达成情况进行了评估，还对执行中的某些细节进行了反思。应该说，上述结构包含了工作案例总结应有的板块，其反思部分更是有所超越。这种反思体现了社会工作者对实务项目过程的特殊思考。

个案部分所展现的案例涉及管制人员、犯罪老年人、安置帮教对象、高校教授等特殊人员，并以理性情绪治疗、人本主义、任务中心、危机干预、心理社会治疗、认知行为治疗等常用实务模式为指引，较为全面地记录了实务过程的主要信息。这显示出社会工作者对个案工作及其实务模式的良好把握，以及机构工作成果展示的良好设计。

总体而言，本书质量较好。当然，某些案例还可以更加精细。例如，在某些案例的问题与需求部分，除了介绍服务对象问题的表现之外，还应该对问题产生的原因机制尤其是工作者可控原因有所说明，还可以对某些案例的理论基础与介入过程细节有更清楚的逻辑说明等。尽管存在薄弱之处,本书依然是一本质量较好的社会工作案例汇编,值得业界同人、高校师生、党政相关部门工作人员及其他有兴趣者学习参鉴。

复旦大学社会工作学系
顾东辉

在永恒的问题中寻求社区矫正社会工作的发展

　　让社会工作者作为社区矫正中教育矫正主体的方式起源于上海,而规模性地使用社区矫正社会工作者则源自上海市新航社区服务总站的成立。我比他们略早介入社区矫正社会工作。2002年底至2003年初,在上海市预防和减少犯罪工作体系建设中,第一批由教育、公安、监狱等领域转型的工作人员,以及部分社会招聘的工作人员,共计61人在华东理工大学社会工作系进行了为期1个月的社区矫正、禁毒、社区青少年社会工作封闭式培训,我主要参与了该培训方案制定。2005年1月20日,最高人民法院、最高人民检察院、公安部、司法部联合发布《关于扩大社区矫正试点范围的通知》,明确"社区矫正工作是将罪犯放在社区内,遵循社会管理规律,运用社会工作方法,整合社会资源和力量对罪犯进行教育、改造,使其尽快融入社会,从而降低重新犯罪率,促进社会长期稳定与和谐发展的一种非监禁刑罚执行活动"。这是社会工作首次进入我国社区矫正相关政府工作文件,表明在社区矫正中社会工作获得了政府相关部门的认同。这种方法上的认同,说明了社区矫正社会工作的专业性力量。

　　上海市新航社区服务总站自2004年1月成立以来,一直秉承"助人自助,启航新生"的使命,快速发展。我很荣幸自其成立之时起便成为理事会成员,与之一起成长。从最初负责4个区的社区矫正和安置帮教工作,到如今负责13个区的社区矫正和安置帮教工作,上海市新航社区服务总站目前已拥有社会工作者530余人,其中83%的社会工作者具有专业资质。无论是数量上还是质量上,这都成为上海市社区矫正和安置帮教工作高质量发展的一个重要保证。

应该说,本书所展现的小组和项目实务工作案例较好地反映了上海市新航社区服务总站的服务能力和服务质量。我读下来感觉本书所收录的小组和项目案例,实际上已经超越了普通的小组和项目案例,展现的是上海市新航社区服务总站社会工作服务的前沿工作体系。这主要表现在组织架构、工作方法、服务内容、服务技术、服务特色五个方面。

第一,在组织架构上,上海市新航社区服务总站的组织架构具有伴生性的特点,即组织体系与政府科层体系相一致。在市级层面成立了上海市新航社区服务总站,设置了理事会、监事会及新航总部,在区设立了工作站,在街镇设立了社工点,形成"市—区—街镇"三级组织网络,这使机构的运行具有了组织保障。尽管这种组织设置受到了市民社会理论的质疑,担心其行政化和去专业化,但20年的实践表明,正是这种组织架构,使社会组织与政府在信息和资源共享、沟通等方面畅通无阻,也强化了项目开展的实践性,对犯罪人员、吸毒人员等特殊人群而言,这是有效的社会工作机构组织设置。为开展高质量的社会工作服务提供组织保障,需要在"前线"进一步深化组织架构,于是在案例中我看到了以街镇社工站为基础,以项目为整合,以工作室为专业牵引,以社会工作者为主体的一线操作体系。据我了解,这后面还存在着质量保障体系,只是案例中没有体现出来。

第二,在工作方法上,所选案例呈现出社会工作者们融合权变式的社会工作方法,即社区矫正社会工作者们在项目制的整合下,根据服务开展的需要,把社会工作的基本价值理念融入矫正工作中,从而使社会工作方法具有了灵魂和生命力,进而以服务对象的需求和问题为导向,灵活运用个案、小组、社区的工作方法及开展相关活动的方式提供矫正服务;同时,他们还把法律规定的如公益活动等教育方式也整合进工作方法中,创造性地在服务中融合进了各种价值理念和方法。这样,方法中有价值及法治,价值中有方法和法治,法治中有方法及价值;个案服务中可能会有小组和社区,小组服务中可能会有个案和社区,社区服务中可能会有个案和小组,各要素相互融合,社会工作者可以根据服务对象的需求或问题,灵活使用互渗式的方法以提升服务成效,促进社区矫正对象及安置帮教对象的正向转变。

第三,在服务内容上,可以从服务对象和具体展开内容两个方面进行说明。案例所展现的服务对象具有全面性,既有一般的社区矫正对象,也有特殊群体;既有成年人,也有未成年人;既有本地服务对象,也有外地服务对象。这既符合《社区矫正法》的要求,也构成了上海市社区矫正的基本特点。分类、分级、分阶段开展社区矫正是上海市社区矫正模式的重要特点。体现在社区矫正社会工作者开展的服务上,这就呈现为分类、分级、分阶段、分需求或问题的社区矫正社会工作服务模式。分需求或问题的社区矫正社会工作服务模式在我看来是,对上海市分类、分级、分阶段工作模式的进一步深化,这使社区矫正社会工作的靶向性更明确,精准性更强,精细化程度更高,从而比较完整地体现了个性化教育矫正的目标。在这种社区矫正社会工作服务模式中,社区矫正对象及安置帮教对象的心理特点、健康状况、犯罪原因、犯罪类型、犯罪情节、悔罪表现、思想、权利、道德、就业、学习、生活、行为等都纳入了社区矫正社会工作者的服务内容,并拓展至家庭、社区、社会等领域。

第四,在服务技术上,案例显示,社会工作者们在使用已有社会工作技术的同时,创新性地探索了一系列新的技术。技术与基于经验的技巧不同,是理论系统的操作化。社会工作的发展,不仅要重视实践技巧,更要重视实践技术。这是因为,社区矫正社会工作面对的是犯罪人群,他们中的一部分人是由众多问题构成的复杂系统,这些问题既有生理的、心理的,也有思想观念的、社会的,这些复杂问题系统使他们成为个体的社会病人,而个体社会病患则需要通过个体社会病的治疗技术予以治疗。目前,社会工作者们在工作中大量使用心理辅导、心理治疗、思想观念教育的技术,但仅靠这些是不够的,还需要发展个体社会病的治疗技术。从案例看,社会工作者们在服务实践中已经做了很多的探索,如循证技术、社会关系改善技术、个体自我管理能力提升技术、促进社会接纳技术、艺术治疗技术等。这对服务对象与社会的融合具有重要意义,也对社区矫正社会工作高质量发展意义重大。

第五,在服务特色上,优秀传统文化成为社会工作者们展开服务的重要内容和基本路径。多数案例都通过优秀传统文化展开服务，即使是艺术治疗也主要使用了传统的艺术形式，这表明社会工作者们在实践中重视我国优秀传统文化，也表明优秀传统文化具有强大的生命力，对社区矫正对象个体社会病的治疗有积极效果。这也与社区矫正对象成长的"水土"是相适应的。经过长期发展，优秀传统文化特别是儒家文化中的优秀部分已经成为国人的"血肉"，成为其社会活动的内在基因。社区矫正对象之所以走向犯罪，从个体与社会的关系方面看，就是这种"血肉"与社会行动相冲突。因此，当优秀传统文化中的正向因素纠正这些冲突后，矫正对象的社会活动会逐步回归正常。这对社区矫正社会工作本土话语的发展及个体社会病治疗技术的形成具有重要意义。

总之，历经20年的发展，上海市社区矫正社会工作、安置帮教社会工作已经取得了明显的成效。但从案例看，还存在着一些可以讨论的地方，如在小组社会工作服务中，非自愿服务对象是否能够组成小组。依我的看法，小组社会工作或由有共同经历、或由有共同需求、或由有共同问题的服务对象组成，如果服务对象不愿参与这个小组，就表明他对小组不一定认同，这在逻辑上就破坏了小组社会工作的组成原则。当然，这不是社会工作者的问题，而是理论界的问题，是社会工作界自身的问题。当前社会工作界关注外面的问题比较多，而对自身问题的关注不够，这对社会工作的发展是不利的。在社会工作的理论与实践中，这类理论模糊、论证不足的问题还很多，并且随着我国社会工作的发展不断涌现。还有些问题，如案例的生动性问题、案例靶向的精准性问题、案例的理论提炼问题等，都还存在着许多可以改进和深入的地方。这些发展中出现的问题，相信随着社区矫正社会工作的不断发展会不断被解决。但问题本身是永恒的，所以我们需要不断发现问题、认识问题、解决问题，一劳永逸是不存在的，发展才是硬道理。

华东理工大学社会工作系
张　昱

立足本土文化,发挥专业优势,推动社区矫正和安置帮教

上海市新航社区服务总站(以下简称"新航")是我国最早成立的以社区矫正对象和5年内刑满释放人员为服务对象的司法社会工作机构之一,与上海市自强社会服务总社、上海市阳光社区青少年事务中心统称为上海"三大社团",分别承担社区矫正、禁毒和青少年的社会工作服务。自2004年成立至今,新航秉持"助人自助,启航新生"的价值观,以预防犯罪和社区安宁为使命,建立起"三三合一"①的社区矫正社会工作服务模式,并积极探索符合中国国情、具有本土特色的帮教服务模式,为维护社会稳定、创建平安上海发挥了积极作用。

众所周知,专业社会工作者不仅需要具备扎实娴熟的实务技能,还需要具备较好的研究和评估能力。简言之,专业社会工作者不仅要善于运用专业方法来解决复杂疑难的个人、家庭和社会问题,而且要善于运用研究方法和评估技术来呈现干预的成效,形成可传播的实务研究成果,而后者往往是许多一线工作者望而却步的痛点和难点。本次出版的来自新航各区分站的项目报告在很大程度上表明,新航许多一线工作者已经成为兼具扎实实务能力和较高研究能力的专业社会工作者。

通过认真阅读,我发现这些项目报告具有以下几方面的特点。

首先,来自一线,项目导向,具有非常明显的实践性。这些项目报告所呈现的是各分站一线社会工作者通过长期探索、不断钻研、共同协作而形

---

① 以监督管理、教育矫正、社会适应性帮扶三大社区矫正任务为核心,以服务对象个人、环境、个人与环境互动三个层面为视角,以个案、小组、社区三大社会工作方法为手段,构建一个社区矫正专业服务流程。

成的专业性强、社会成效明显且具有代表性和可推广性的优秀案例，服务项目的实施均基于常见的社会工作理论，通过理论指导项目开展实践。每个项目在开始、中期和结束时都进行了评估，以了解服务对象的需求、跟踪进度和掌握项目成效。项目团队根据需求评估的结果，设计了多样化的服务活动以达成目标，并在结果评估基础上开展项目反思，为社会工作贡献了实践性知识。

其次，遵循伦理，方法科学，呈现良好的规范性。在实务和研究过程中，项目团队既遵循了社会工作研究的伦理原则，又遵循了社会工作实务的伦理原则，确保了研究和实务过程的合规性和专业性。服务项目的实施都基于全面的需求评估和扎实的文献评述，社会工作者采用问卷调查、访谈、焦点小组等多种方式进行资料收集，方法科学合理。项目报告结构合理，行文清晰，条理分明，呈现出良好的规范性。

再次，构思巧妙，视角多元，具有明显的创新性。社区矫正社会工作的服务对象和服务内容看似单一，但各分站项目报告立足的是本站服务对象的特点，社会工作者基于自身的特长开发出视角多元、构思巧妙、别出心裁的服务项目，具有明显的创新性。各站点项目涉及不同服务群体，遵循社会工作价值观和伦理，引入性别等多元视角，通过个案辅导、小组讨论、艺术教育、性别赋能、职业培训等多种干预方法，为服务对象提供资源和机会，帮助他们重建自我，实现自我价值，重塑家庭关系。

最后，文化为本，上海特色，彰显强烈的本土性。本书所展现的项目的最大特色是将社会工作理论、方法和技术与上海社会、文化、历史和现实相结合，展示了一批具有中国特色、上海特点的本土社区矫正社会工作模式。各站点项目团队将社区矫正理论方法与本土文化相融合，开发出一批基于本土文化艺术的服务模式。这些项目不仅通过艺术疗愈等方式帮助服务对象改变不良的学习和行为习惯，培养自我发展和自我管理能力，还通过改变社区矫正服务的形式和方式，提高了社区矫正对项目的接受性和项目的实际效果。

当然，这些报告也存在一些需要改进的地方。例如，部分项目的理论在服务行动中的呈现和运用不够自然与深入,表现出一定的理论堆砌和机械套用。又如,部分子项目未能很好遵循循证实践的范式,如未很好地进行前后测。又如,部分项目实施干预的时间周期较短,活动次数受限,服务成效未能完全显现。再如,部分艺术矫正活动对服务对象所处社会环境的改变作用有限,社会对社区矫正对象的理解和接纳程度并未提高。为此,建议从以下几方面进一步完善项目报告。

第一,加强理论学习,理解理论在实践中的作用与反作用。社会工作实务以理论为指导,实践反过来又会推动理论的发展和改进。专业社会工作者需深谙两者的相辅相成。为此,首先要加强理论学习,注意活动与干预的区别。干预属于专业活动,必须以理论为指导,必须基于科学合理的评估,必须有实务反思,而活动则没有这方面的要求,尽管两者的内容很可能是非常相似的。

第二,要加强对社会工作宏观效果的关注。社会工作有宏观和微观之区分,两者有不同的功能,但缺一不可。目前一线社会工作主要以微观干预项目为主,并积累了丰富的实务经验。但从专业发展角度看,如何证明社会工作的宏观效果在现阶段更为重要,但总体看,这样的研究和项目较为缺乏。建议聚焦宏观治理成效,发挥新航作为大机构的优势,加强研究设计,开展宏观社会工作成效研究。

总之,本书所选取的社会工作服务项目均有着优良的表现,服务效果和社会影响可谓显著。这些项目目标明确,服务群体类型丰富,工作方法多样,干预措施有效,服务质量和标准化程度较高。项目在资源链接、项目管理、风险控制和合作机制等方面也表现出色。希望新航未来开展的项目仍继续关注服务对象的实际需求,不断创新服务方式和方法,为服务对象提供更优质的社区矫正和安置帮教社会工作服务。

华东师范大学社会工作系

黄晨熹